I0218994

د ستي
د لیډرانو
تربیت

یو دستی کتابچه چه د لیډ رانو
په وړو وړو ټولګو کښې د
تربیت او کورنی چرچونه
نه غټ چرچونو په جوړولو
کښې رهنمائ کوی.

ترينىنگ ريډيکل ليډران

يو دستي کتابچه چه د ليډرانو په وړو وړو ټولګو کښي د تربيت او کورنۍ چرچونه نه د غټ چرچونو په جوړولو کښي مدد کوی.

دانيئل بي.لان کاسټر

T4T پريس

اولني چهاپ 2012

ټول حقونه محفوظ دي ددِ کتاب هيڅ قسمه نقل کول که هغه د فوټو کافئ په شکل کښي وی يا د برقی او مشينی يا اواز سره وي د کتاب ليکونکی د اجازت نه بغير په سختئ سره منع دي.خو د عام جائزي دمختصر کوټيشن نه علاوه.

کاپی رايټ:2012

ليکونکي: دانيئل بي.لان کاسټر

چهاپ:

ISBN 978-1-938920-72-1

ټول مواد کوم چه دلته په ګوته شوی دی د پاک کتاب بائيبل نوی بين المللی ورژن

په ذريعه د بين المللی بائيبل سوسائټئ ,NIV® copyright©1973,1978,1984 نه اخستي شوی دی.

د zondervan په اجازت سره اخستي شوی دی.ټول حقونه محفوظ دی. سکرپټ کوټيشن (اين_ايل_ټی) هم د پاک بائيبل نه اخستي شوی دی.نوي براه راست ترجمه ,copyright©1996,2004 نه دي. د استعمال اجازت د

Tyndale hose publisher inc..Wheaton, Illinois, 60189. نه اخستي شوي دي. ټول حقونه محفوظ دی. سکرپټ کوټيشن (NASB) چه د نوی امريکن معياری‌بائيبل ,copyright © 1960,1962,1968,1971,1972,1973,1975® 1977,1995په ذريعه lockman foundation نه اخستي شوي دی.سکرپټ کوټيشن The Holman Christian standard Bible ®copyright © (HCSB) 1999,2000,2002,2003, by Holman bible publisher نه اخستي شوی دی. ټول حقونه محفوظ دی.

سکرپټ کوټيشن(CEV)Contemporary English version copyright©1995 د امريکن بائيبل سوسايټئ په اجازت اخستي شوی دی.

Library of Congress Cataloging –in- Publication Data.

محتويات

سر ورق 7
سريزه 9
ديباچه 11

ړومبۍ حصه: عملی تفصيل

ديسوع مسيح حکمت عملی 17
د ليډرانو تربيت 20
د تربيت اوصول 25

دويمه حصه: د ليډرشپ تربيت

ستړې مه شئ 29
د يسوع مسيح په شان تربيت 43
ديسوع په شان ليډری اوکړئ 56
ځان تکړه کړئ 70
په يوالي کښي ترقی کول 83
تعليمات/ اسمانی صحيفي خورول 95
مريدان جوړول 112
ټولګی شروع کول 129
ټولګی زيات کړئ 146
د يسوع تابعداری اوکړئ 163

دریمه حصه: موجوده وسائل

نوره مطالعه 177
ضمیمه الف 178
ضمیمه ب 190
ضمیمه سی 192
ضمیمه ډی 194

د ټوم په یاد کښې

سر ورق

په ګرجه کښي د پادری کار کول نور ښۀ جوړول يو مستقل ګران کار دي . هغه کسان چه د يسوع په خدمت کښي شامل دی دهغوی ته پته ده مسائل څه خبري ډيرې نازکې دی هغه څه نه چه په يقين کښي راوستل دی چه د عقيدت مندو د تربيت دپاره اثرپريښودونکې طريقي استعمال شي .په دغه موقع کښې د عقيدتمندو د تربيت د پاره د ټولو نه اسر کونکی طريقه د يسوع مسيح دتربيت ورکولو سلسلي پيروی کول دی.په د سلسله کښي د ټولو نه ړومبې کتاب ،،پاڅۀ پيروکار جوړول،، دا کتاب د يسوع د اولنو پيروکارو په شان نوی عقيدت مند عيسائيت ته اړولو دپاره يو اسان او دوباره پيدا کونکي سبق ورکوي.دا کتاب د مخکښي خبره لګه وړاندې وړی او د مسيح په شان پيرکارو مشرئ د پاره سبقونه ورکوی ، کوم چه په خپل ټولګو کښي اضافه کوی.د جړي مشرانو ته تربيت ورکول کوم چه ډان لان کاسټر ليکلي دتربيت دپاره يو ازما ئلي او کوشش کونکي کتاب دي . دا په سبق ورکولو کښي يو عملی او اسان کتاب دي ، کوم چه مزاقی ،تصويران مخې ته کوی .او د هغه کسانو دپاره کوم چه تربيت کړي شوی نيغ په نيغه تجرباتن ورکوی

د جړي مشرانو ته تربيت ورکول ، د ټول پادريانو د کار کولو دپاره د تربيت يو د اثر نه ډک او بغير د څه شکه بار طريقه ده . دا مواد نه صرف اثر کونکی ده بلکه د ليډرئ په تيزولو کښي تيزی راولی، يوه طريقه ښائی چه خداي ته رسيدونکي مشر به ځنګه ښکاری ، او د ِ سره دا هم ښائی چه نوې ګرجه به ځنګه جوړه وي ، يا د نوي ګرجي د بنياد دپاره ښودنه هم کوی. دا کتاب لګ شان د وړاندي خيال کوی. او تربيت کړي شوی مشران راپاسه وی او مدد کوی او هغوی له تربيت هم ورکوی .د جړي مشرانو له تربيت ورکول ، مشرانو له مدد ورکوی چه ځان او پيژنيا و سره سره هغه چه کوم دۀ له د دوی سره

په يو نوي جزبه سره كار كوى ، په اتۀ تصويرانو كوم چه د شخصيت سره تعلق ساتى.

د يسوع تربيت وركولو سلسله ټول په ټول نوې عقيدت مندو له يو مكمل سامان وركوى ، مكمل طريقه كار وركوى . دا دوئم كتاب په هغه سلسله كښي مدد وركوى او عملي طريقه جارى ساتى كوم چه په ړومبى كتاب كښي شروع شوې .د پادريانود كار كولولاد مشرانو مشر د هغي طريقي غوښتنه كويګومه چه د ټولو نه ښه ده. دلته د مشرانو د تربيت دپاره يوه منصوبه ده كومه چه د لانديني شرطونو غوښتني پوره كوى.

روې جي فش

سریزه

دټریننګ هر یو کتآب د ترتیب شوی سبقونو هغه مجموعه وی کوم چه په ژوند کښی تیر شوی وی. دیسوع مسیح دټرنینګ مرحلي په هر حال کښي قبولو لازم دی . زه د ډیرو خلقو د زړه دخلاصه شکریه ادا کوم چا چه ما ته تر بیت راکړي دي. دغه شان زه هم نورو خلقو ته تربیت ورکولي شم.

ډیر زما دوستان چه په جنوبی نمر ختیز ایشیا د لیډرشپ ټریننګ موادو ته ترقی ورکوی ما سره سنګ په سنګ کارونه کړي دی. زه ده ډاکټر "ګِل برټ ډیوډ"، "جیری وایټ فیلډ"،"کریګ کیریسن"،"سټیو سمت"،"نیل ممز"، "ووډی" او "لانن" ډیره شکریه ادا کوم ,چه دوی زما هر قسم امداد او ملګرتیا اوکړه. مونږ دا سفر تر ډیر کلونو پوري یو ځاي کړي دي.

ډیر روحانی مشران چا چه زما په ژوند ډېر زیات اثر کړی دی زه ده هغوی هم شکریه ادا کوم. ډاکټر "پارس" ما ته دا سبق را کړي دي چه الله پاک ته به په خپل زړه کښي کوم ځاې ګورې.

"ګیلون لین" ،"ایل.ډیباکسلي" او "ټوم پوپلکا" زما د مذهبی سفردوران سخته حصه د روحانی لیډر شپ او غیر مشروط مینې یوه نمونه ټاکلې ده. ډاکټر "ایلون میکنن" ما ته خوصله راکړه او الله پاک دا روښانه مشن زما په زړه کښي ځاې کړو. "ریوی نک اولسن" ما ته دا اوښوده چه یو سړي به دیانتداره او ماهره څنګه کیدي شی. ډاکټر "بن سمت" زه د یسوع مسیح سره اشنا کړم اوماته کښي خوداعتمادی پیدا کړه. ډاکټر" فش" د یسوع مسیح ړومبنی منونکو د تعداد ډیرولو دپاره مخکښې نه زما په وزارت کښې خپله بصری نظریه وړاندي کړه. ډاکټر "ریوی رون کیپس "ماته دا ښودل چه لوی مشر لوی خدمتګار

وی. ستاسو د ټولو ډيره مننه چه تاسو ماته د مشرئ تربيت راکړو ځکه چه زه اوس بل ته تربيت ورکولي شم.

"ټوم ولز" د يو عالم په حيثيت سره په های ليند فيلوشپ کښي دکوم چه مونږ د دويم چرچ په طور باندي بنياد اښودي اوو، پاتي شوي دي. يو ماهر موسيقار او زما ډير خوږ ملګري "ټوم" ده چا سره چه ما ډيري کافئ په يو ځاي کښی نوش کړی دی او د يسوع مسيح د آته تصويرونو باره کښی مو ډير ي خبري کړی دی. هغه د تربيتی مشر د شخصيت د معلومولو د پاره يوه ساده طريقه را اوښودله. مونږه چرچ ته ترتيب ورکړو او د وزارت بنياد مو د يسوع په آته تصويرونو کيښودو. د دي سره سره مونږه علاقای چرچونو ته هم مشاورتی خدمات د چرچ د صحت ساتلو دپاره ورکړل. اګر چه اوس ته الله پاک سره ي ،ټوم ،تاته پته ده چه ستا کار روان دي ، مونږه تا ياده وو, اومونږ تاډير مس کوو.

زه خاص شکريه ادا کوم د ډيوډ او جل شينکس چا چه په د کار کښي زما پوره پوره مرسته اوکړه د هغوی د سخاوت دلاسه په ايشيا کښي بي شميره عقيدتمند د د قابل شو، چه هغوی د چرچ او ليډرشپ ترقی ته تقويت ورکړو. په جنت کښي به ډير لوي قطار وي زه به تاته د شکريه ويلو په انتظار يم. او په اخرکښي، ځما خاندان دا کتاب تاسو ټولو ته د هديه په طور در کوی. حولی،زما ښځه ،زما بچی جيف، زيچ، کاريس، او زين ټولو ډيره لويه قربانی ورکړي ده. او په د کارکښی زما هر قسم مرسته کړي ده به د مرسته سره چه جذبات او روحانی پيشوايت ته ترقی ور کړی او قوم ته فايده اورسی.

دانييل بی لان کاستر پی.ايچ.ډی.
جنوبی نمر ختيز ايشيآ

دیباچه

الله پاک زما خاندان ته په امریکا کښي د دوه چرچونو پرانستو اعزاز ورکړي دي ړومبي چرچ چه هملټن ،ټکساس کښی دي یو کلیواله مرکز چه د ټکساس دټولو نه یوه پسمانده علاقه ده. د یاد ساتلو خبره ده چه الله پاک د عقیدت مندو دا مضبوط ټولګي چاچه د ۲۰۰ نشستو نو یو چرچ بغیر د قرضي اخستلو په ډیر سخت وخت کښي تر سره کړو. الله پاک زمونږ د ټولو ژوند بدل کړو کله چه هغه هملټن یاد کړو.

مونږه خپل دویم چرچ لیوس ویلی د ټکساس په علاقه کښي شروع کړو. ما خپل ړومبنی تعلیم نه واخله تر اخیری تعلیم پوري د لیوس ویلی نه حاصل کړي دي. چه په ډلاس او ټی.ایف په مضافات کښي یوه شانداره او مخ په وړاندي قیمتی علاقه ده. زما اباې چرچ چه د "لیک لینډ" په نامه یادیږی د د چرچ په ترقي کښي مونږ سره هر قسم مرسته کړي ، هغه که مالی ده یا روحانی، ډیره په سخاوتیا سره کړی ده. اوس دا زمونږ اتلسم چرچ دي په د علاقه کښي ځکه چه زمونږ ه سره د چرچونو د جوړولو تجربه ده. پاسټر مونږ ته دا و ئیلی دی چه د چرچ د بنیاد کیښودلو په و خت کښي د چا په اسره مه کیښنې ،د خاص ټولی نه امداد مه غواړی اودروازه په دروازه سوال مه کوی.

د چرچ دجوړولو په ړومبۍ دوه میاشتو کښي ماته ډیره زیاته ستومانی او دردونه اورسیدل. ډاکټرته معلومه شوه چه دا بیماری ماته په هغه ورځ لګیدله ده په کومه ورځ چه زما ځلورم ماشوم پیدا شوي وو. مخکښي د ډاکټری رپورټونو نه دا ثابته شوه چه ماته دمختلفي بیمارۍ لکه د جوړونو دردونه،د ملا دردر، دپښتئ دردونه، د ټوټی درد, د پنډئ درد ،او د ګیټو د درد شکایت دي. د درد ختمولو دپاره مي دردونو تیز دارو استعمال کړل او لګ ارام راته ملاؤ شو. خو دهغي د وجي به زما بدن نشه کیدو. او هر وخت به خوبولي اووم. ما به روزانه دوه ګهنټي کار کولو او باقی وخت به مي په ارام او دعا ګانو کښي تیروو.

زمونږ په وزارت کښي دا وخت (ډارک نايټ اف دی سول) اوو. ستړيوالی او درد هر څيز کم کړي وو. اګر چه زۀ ډير زيات بيمار ووم خوبيا هم ما دا محسوس کوله چه الله پاک بيا هم مونږه ته د چرچ د چلولو دپاره اواز کوی. مونږه هغه اووي چه مونږه ازاد کړه خو هغه مونږ ته توجه او ياد ګيرنه راکړه چه د الله پاک رحمت کافی دي. مونږه داسي محسوسه کړه الله پامونږه پريښودو مګر د هغه مينه چرته هم عارضی يا پردئ ثابته نه شوه. مونږه د رابللو وجه وتپوسله مګر هغه مونږه مسلسل خپل طرف ته مائيل کړو. او مونږ ته ي دا اميد راکړو. مونږه حيران وو ګويه الله پاک مونږه ته د نامعلومي ګناه سزا راکوی. خو بيا يي هم مونږه د ايمان ددولت نه مالامال کړو او هغه پناه شوی خلق به بچ کړی او واپس به يي خپل خاندان ته را اوغواړی. زمونږه هغه خوب چه منزل مقصود طرف ته روان اوو يوه ورځ بلکل په ټپه شو او نامعلومه وخت پوري غيب شو.

ته به څنګه خپل وخت ورکوي که چري ته صرف په ورځ کښي دوه ګهنټي وخت يو نوی چرچ ته ورکوي؟ الله پاک مونږه ته ده ليډرانو زياتولو لار اوخودله. ما دا زده کړل چه يو سړی سره به د غرمي روټۍ په وخت يوه ګهنټه څنګه تيره وي او هغه ته د رخصتۍ په وخت د راټلونکی مياشتي د پاره يوه زبردسته منصوبه څنګه ورکوي چه عام طور باندي د روټۍ په رومال ليکلي شوي وي. د معاشرتی اخلاقياتو تربيت خلقو کښي عام کول،او بيا نمبر په نمبر نورو ته تربيت ورکول دي. مونږد خلقو امداد کوو او دا معلومو چه الله پاک دوي څنګه يو ځاي کوی او بيا څنګه هغه د عيسايت په عملی طريقو باند ي قايم پاتي کيږی. دجسمانی تکليفونو باوجود ډير لوي او ماشومان په د خلقه کښي شامل شو. زما د بيمارۍ په دري مياشتو کښي مونږه يو نوي دارو شروع کړل. چه هغي سره زما ډيره ښيګړه اوشوه.

درد او ستومانی قابو کښي راغله. په ځاي د دي چه مونږه د پاسترۍ پخوانۍ لاري ته واپس شوي وي، مونږ د تربيتی ليډرانو د ترقئ لاري ته زور ورکړو. د چرچ د پرانستو نه څلور کاله پس ما د خپل يو دوست سره د جنوبی نمر ختيز ايشا د بصری سفر اراده اوکړه. او کله چه ما په بهرنئ زمکه دي منصوبي د پاره قدم اوچت کړو نو الله پاک ځما زړۀ بيدار کړو او ماته اوئيل چه اوس ته په امن کښي يې. هم دغه شپه ما خپلي ښځي ته ِاواز کړو او دغه خبره مي ورته او کړه نو هغي هم اووئيل چه او ما سره هم داسي شوی دی. يو کال پس مونږ خپل

ټول هر څه خرڅ کړل او د خپل څلورو کسانو کورنۍ سره د جنوبی نمر ختیزایشیا ؑ په لور مخه اوکړه.

مونږ په یو بند ملک کښي شروع کړو او شاګردان مو پیدا کول شروع کړل.مونږ الله ته اوئیل چه مونږ ته دري سړی او دري ښځي راکړه چه په هغوی کښي مونږ خپل ژوند واچوو. چه د یسوع مسیح اطاعت اوکړی لکه څنګه چه پټر،جیمز او جان کړي وو. الله زمونږ سوال قبول کړو او مونږ له يي خلق راکړل. مونږ هغوی ته تربیت ورکړو. لکه څنګه چه برنباس ته پاؤل ورکړي وو. څه رنګي به چه مونږه خلقو ته د یسوع مسیح د تعلیماتو درس او تربیت ورکولو دغه رنګي به هغوی نوی نوی ټولګی راوستل. او د هغوی نه چرچونه جوړ شول. څنګه چه به ټولګی سوا کیدل نو چرچونو کښي به د هغوی د تربیت دپاره د تربیت شوی لیډرانو ضرورت راتلو.کوم ملک کښي چه مونږه دیره اوو هغي کښي د لیډرانو ډیر سخت کمي او د لیډرشپ د ترقۍ ورکښي ضرورت اوو. مونږه یو ژوره مطالعه شروع کړه چه څنګه یسوع مسیح شاګردان ته تربیت ورکولو او لیډران به ي تري جوړول.

مونږه دغه سبقونه خپل قومی دوستانو ته اوښودل او یوه نوي او مزیداره معلومات مو خاصل کړل. شاګردان جوړول او تربیتی لیډران د یوي سکي دوه مخه دی. شاګردان جوړول د سفر اغاز وي،او لیډران ټرینډ کول د سفر جاری ساتل وی. مونږه دا هم معلومه کړه چه مونږه یسوع مسیع ته ډیر ورنیزدي شوی یو. او زمونږ دا تربیت نور هم سود مند شو. دا فایده مند سبقونه مونږ لیډرانو ته ښائیو چه په د تربیتي کتابچه کښي شامل دی. یسوع د هر ي زماني یو غټ لیډر دي او د خپلو پیروکارو په زړونو کښي ژوندي دي. څنګه چه مونږ د هغه اطاعت کوو دغه رنګي مونږه ډیر ښهٔ لیډران جوړیدي شو. الله پاک د تا د یو لیډر حیثیت سره اوبخی. او کم خلق چه د د کتابچي نه متأثره شوی دی هغوی هم. ډیرو لیډرانو په کامیابیۍ سره د لیډرانو نسل ته تربیت ورکړو د دِ موادو په ذریعه. او مونږ دعا کوو چه الله پاک د تا د دِ هر څه له کبله اوبخی.

رومبئ حصه

عملی تفصیل

دیسوع مسیح حکمت عملی

د یسوع مسیح دا حکمت عملی وه چه پینځه طریقي به قوم کښي راولي. په الله پوخ یقین ساتل، تعلیمات خورل، مریدان جوړل، ټولګی د چرچ تلو ته تیارول، او لیډران پیدا کول. دا ټولي طریقي په خپل ځای ډیر لوی مقام لری. د هغوی په ګروپونو کښي د یو ځای کولو طریقه، د یسوع مسیح د تعلیماتو تربیتی مواد تربیت اخستونکی د دِ خبري جوګه کوی چه د چرچ د جوړولو طرف ته د خلقو په تیزی سره مخه کړی. د یسوع د اطاعت ساده طریقه لاندي ذکر ده.

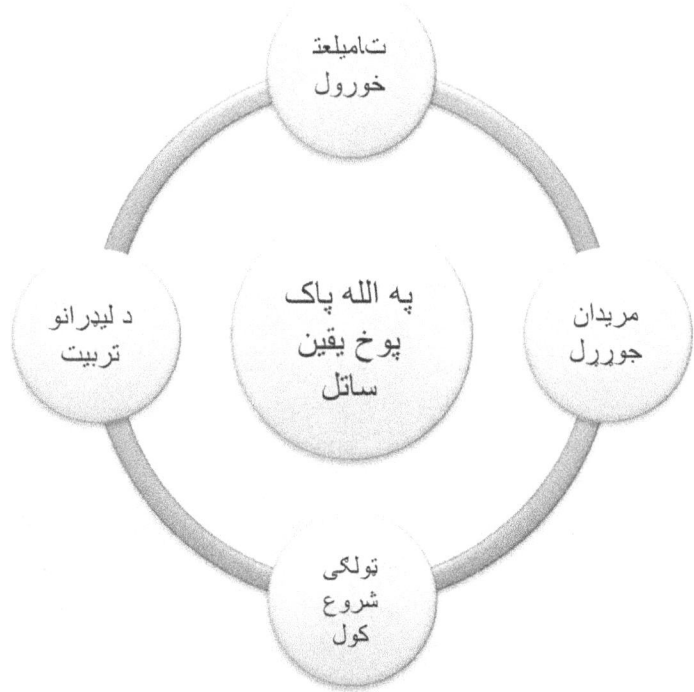

د يسوع مسيح د تعليماتو دپاره د پوخ يقين والا جوړل او اولنۍ څلور طريقي خپلول. مريدان اول دا زده كوی چه عبادات به څنګه كوو. او د يسوع مسيح اطاعت،احكامات،او د پخي جذبي په رنړا تلل،يعني په پاک الله پوخ يقين ساتل. مريدان دا پخپله معلوموي چه الله پاک ته به څنګه نزدي كيږو،هغه په كوم ځاي كښي دي،او دهغه احكامات په روحاني جنګ كښي د طاقتوري اسلحي په طورڅنګه استعمالو. بيا هغوی دا زده كوی چه تعليمات به څنګه خوروو،خلق به د الله طرف ته څنګه رابلو، د دي سبق حاصلولو نه روستو ليډران د وړو وړو ټولګو د ٲلاتو سره شروع كوي،او خپل بصری خيالات خوروی او خپلو كسانو ته ځان رسوی(ټولګی جوړه وی)

ياخه لېډران د اظهار دوه طريقي په ډير په شدت سره محسوسئ، خلقو ته تربيت وركول او بيا د هغي نه تلل. پوهه ليډران خواهش لری چه روحانی ليډران به څنګه جوړ كړي شی، او يو وړوكي ټولګي به په چرچ كښي څنګه بدل كړي شی. ځكه چه د يسوع مسيح په تدبيرونو كښي مسلسل كاميابئ ته حكمت عملی نه وائ. بعض مريدان د ليډر شپ باره كښي تقاضه كوی او روستو د چرچ د جوړولو تربيت په ګوته كوی. ليكن نور مريدان دا حكم په شا غورزوی. د دِ په نتيجه مونږ د دوؤ نورو تربيتونو كورس مريدانو ته وړاندي كوو،كوم چه د مريدانو په زياتولو ګښي حصه اخلی او نورو خلقو ته په تربيت وركولو مخلص وی.

(ستارټنګ ريډكل چرچ) موجوده چرچونو كښي د نوی ټولګو د پاره نوی چرچونو پرانستلو كښي مدد كوی. (ديسوع د حكمت عملئ څلورم تدبير). يو څو ليډرانو چرچ جوړول شروع كړو او يوه غلطی تري اوشوه چه د نوی چرچ په جوړولو ګښي يي د زوړ چرچ نقل اوكړو. دا حالات اكثر كمزوري نتيجي وركوی. (ستارټنګ ريډكل چرچ) د داسي قسمه غلطو نه ځان ساتی، او د مريدانو په تربيت كښي ديسوع مسيح د هغه اتۀ 8 احكاماتو تابعداری كوی، كوم چه د چرچ د جوړولو د پاره په شق نمبر 2 كښي دی. هر حكم ته عملی جامه اغوستل او په هغه يو كار كول چرچ ته د يو تحريری لوظ په شكل كښي ترقی وركول دی. او كه چري يو ټولګی ته د الله پاک د طرفه پوهه اورسی نو بيا د دهغه سيمنار اختتام د خوشحالئ تقريب او د نوی چرچ د زړه په مينه سره أغاز اوشی.

(ستارټنګ رېډکل لیډرز) د لیډرانو په جوړولو کښي د نورو خلقو مدد کوی چه یو جزباتی او روحانی لیډر تیار کړی. دیسوع مسیح د حکمت عملي اتم 8 تدبیر. د چرچ په جوړولو کښي د ټولو نه اهم جُز د لېډرشپ ترقی ده. په سمینارو کښي لیډرانو ته دا ښودلي کیږی چه یسوع مسیح به د لیډرانو د تربیت د پاره کومي طریقي استعمالولي. دا یسوع مسیح د اوومي لیډرشپ خوبیاني، په هر زمانه کښي د ټولونه لوي لیډر. لیډران د شخصیت طریقي او قسمونه دریافت کوی،د خلقو مدد کوی او د مختلفو شخصیاتو سره په یو ځاي کار کول. په اخره کښي لیډران د یسوع مسیح منصوبه بندئ ته ترقی ورکی.کوم چه د وزرات د دولسو کښي شامل دی. هغه چه یسوع مسیح په خپل لسم نمبر کتاب کښي خپلو مریدانو ته په ګوته کړی دی. سمیناري د د یسوع مسیح د منصوبي خوړولو او د یو بل دپاره د د عاګانو غوښتلو نه پس ختمیږی. لیډران د دیو بل ځاي دتلو قصد کوی او نوی لیډرانو ته ترقی ورکوی.

دواړه که هغه د ریډکل چرچونو ستارټ کول دي یا د مریدانو د تربیت کار دي یو مقصد لري یعنی د یسوع مسیح وزارت او طریقو ته وده ورکول دی. ماهران لیډرانو ته مثالی ألات ورکوی چه هغوی استاذان ساز شی او نورو ته ي اورسوی. لاندیني د یسوع مسیح تربیتی کورس نه چه صرف د یادولو دپاره دي بلکه د ژوند د تیرولو یوه لاره ده. الله پاک بخلی دی او د خپل زوي د اطاعت په وجه د بي شمیره خلقو زندګئ بدلي کړي. عقیدت مند د یسوع مسیح د حکمت عملئ اطاعت کوی، او یو نا اشنا ثقافت ښایی. الله پاک دا ټول هر څه ستاسو او د هغه خلقو کوم ته چه تاسو د یسوع مسیح د اطاعت د پاره تربیت ورکوئ په ژوند کښي راولی.

د لیډرانو تربیت

ټریننګ ریډیکل لیډران په خپل ړومبی کورس کښې مریدان جوړوی او د هغو خلقو مدد کوی کوم چه د مریدانو ټولګو ته دلیډرانو په شکل کښې ترقی ورکوی.او نور ګروپونه زیاته وی

د تربیت نتیجې

دا رنګې د ټریننګ سیمنار ختمیدو نه روستو زده کونکی کولې شی.

- نورولیډرانو ته د لسو کسانو ټولګی ته د لیډر شپ تعلیم ورکولې شی.
- نورو لیډرانو ته د یسوع مسیح په ښکلې طریقه تربیت ورکولې شی.
- د شخصیاتو مختلف قِسمونه پیژندې شې او د خلقو سره د یو ټیم په شکل کښې په کار کولو کښې مدد کولې شی.
- یو حکمت والا منصوبه تیاره ولې شې او په روحانی طریقې سره په خپله معاشره کښې نوی ټولګی زیاته ولې شی.
- په د پوهه شی چه ځنګه به د چرچ د جوړولو تحریک ته د خلقو مخه کوی

د تربیت طریقه کار

هر لیډر د تربیت په وخت هغه طریقه اختیاروی کومه یسوع مسیح د خپلو مریدانو نه د لیډارنو جوړولو دپاره استعمالوله، دیو عام سبق خاکه باندې عمل په ورکړې شوی مقرر وخت سره کیږی.

تعریف

- ځان له دوه کورسز (ګروپ اوازونه) حمدیه کلام په یو ځاي ویل(زیات نه زیات وخت)

(لس منټه)

کار کر دګي

- یو لیډر د خپلي کارکر دګئ حالات په وزارت کښي د باقی لیډرانو سره په اخیری وخت کښي بیانوی. د لیډر او د هغه د وزارت د پاره په جمع دعاګاني غواړی.

(لس منټه)

مسله

- استاد(ټرینر) د لیډرشپ عام مسائل بیانوی,اود قیصي په شکل کښي یا د مِثالونو په ذریعه یي وضاحت کوی.

(پینځه منټه)

منصوبه

- استاد لیډرانو ته د لیډرشپ ساده او اسان سبقونه بنائ چه د لیډرشپ د مسائلو د حل د پاره پوهه او مهارت ورکړی.

(شل منټه)

مشق

- لیډر څلور ټولګي سازوی او د لیډرشپ په طریقو مشق کوی او تازه زده کړي شوی سبقونه یو بل سره اړوی. دا لاندینو ورکړي شوو سره.
    - د دِ لیډر شپ په علاقي کښي ترقی کیږی.
    - د د لیډر شپ په ِعلاقي کښي مسائل مخي ته راځی.
    - منصوبي، د لیډر شپ د سبقونو په بنیاد راتلونکی 30 ورځو کښي پرمخ تګ کوی.
    - د لیډر شپ د سبقونو په بنیاد راتلونکی 30 ورځو کښي د هنر مشقونه کیږی.

(دیرش منټه)

دعا ګاني

- د څلور څلور کسانو ټولګی دعاګاني وائ او د یو بل دپاره دعاګاني غواړی.

(لس منټه)

اختتام

- زیات اختتامی وختونه د یادولود سرګرمو سره ختمیږی. کوم چه د لیډرانو د لیډرشپ د سبقونو د سیاق وسباق سره تعلق ساتي.

(پنځلس منټه)

د لاندی نه دمشرانو پالنه/تربيت

دا دلاس کتابچه د دري ورځو غونډي يا د لس هفتو دَ خودني پروګرام دپاره غوره دي.هر مشن کی دوه ترتيبه دی.چه يوه نيمه ګنټه وخت اخلی.خودنکو ته دخودني عملبه صفحه نمبر ۲ باندي ورکړی شوي دي.

د مشري خودنه په مياشت کی يو ځل کيږی يا دوه ځل او يا دری ورځنی سيمنار کي.به اوسنی وخت می چه کوم مشران دټولګو مشری کوی هغوی د ي کي برخه اخستي شی.

دري ورځني ترتيب

	ړومبئ ورځ	دويمه ورځ	دريمه ورځ
8:30	هر کله راشه	يو موټي کيدلو کښي طاقت وي	ټولګی شروع کړئ
10:00	وقفه	وقفه	وقفه
10:30	د يسوع غوندي ښودنه	د ډرامي مقابله	ټولګی زيات کړئ
12:00	د غرمي ډوډئ	د غرمي ډوډئ	د غرمي ډوډئ
1:00	د يسوع غوندي مشرى کول	اسمانی صحيفو باندي خبري کول	يسوع اومنئ
2:30	وقفه	وقفه	
3:00	ځان تکړه کړئ	منونکی جوړ کړئ	3:00
5:00	د ماښامي ډوډئ	د ماښامي ډوډئ	5:00

هفته وار ترتیب

رومبۍ هفته	هر کله راشه	شپږمه هفته	اسمانی صحیفو باندي خبري کول
دویمه هفته	د یسوع غوندي ښودنه اوکړئ	اوومه هفته	منونکی جوړ کړئ
دریمه هفته	د یسوع غوندي مشری اوکړئ	اتمه هفته	ټولګی زیات کړئ
څلورمه هفته	ځان تکړه کړئ	نهمه هفته	ټولګی زیات کړئ
پینځمه هفته	یو موټی شئ	لسمه هفته	یسوع اومنئ

د تربیت اوصول

نورو خلقو ته د لیډرانو په حیثیت ترقی ورکول مزیدار او د طلب کار دي. د مشهور خیالاتو برعکس ،لیډران جوړولي شی نه چه پیدا کولي شی. د نورو لیډرانو په ملاپ، د لیډرشپ ترقي په بین الاقوامی او د یو نظام دننه پکار ده. بعضي خلق په غلطئ سره دا یقین ساتی چه لیډر د شخصیت په بنیاد جوړ یږی. په امریکا کښي د کامیاب غټو ګرجو د پادریانو د یوي ټندي جائزي مطابق،بیا هم دا ظاهریږی چه پادریان د ډیر مختلفو شخصیتونو مالکان دی. هر کله چه مونږ د یسوع پیروی کوؤ، نو مونږ د هر زماني د ټولو نه لوی لیډر پیروی کوؤ، او خپل ځان ته بحیثیت یو لیډر ترقی ورکوؤ.

د تیز توند لیډرانو ته د لیډرشپ د ترقئ د پاره د یو برابر رسائ ضرورت دي. برابر یا متوازی رسای په علم کار،اخلاق،مهارت،او ترغیبات مشتمل ده. یو کس له د موثره لیډر جوړیدو دپاره د دِ څلورو اجزاء ضرورت دي. بغیر علمه،غلطي مفروضي او ناپوهی لیډر غلطي لاري ته سمه وی. د اخلاقو بغیر،یو لیډر اخلاقی او روحانی غلطیاني کوی،چه هغه مشن ته نقصان رسوی. د اهم مهارت نه بغیر، لیډر په تسلسل سره خپل زوړ ځاي ته واپس کیږی یا زړي طریقي استعمالوی. اخرکار، لیډر سره علم،اخلاق،او مهارت وی ،خو د ترغیباتو د کمی د سببه په ړومبی حالت پاتي کیږی او خپل حالت محفوظ ساتی.

لیډرانو ته پکار دی چه د یو کار کولو دپاره د ضرورت اهم سامان یاد ساتی. دخپل امتیازی وخت په دعا کښي د تیرولو نه پس، هر لیډر ته د یو اهم بصیرت حاجت وی. بصیرت د سوال جواب ورکوی،" مخکښي به څه کیږی؟،،راتلونکی وخت دپاره څه پکار دی؟. لیډرانو لازمی پکار دی چه د راتلونکی کار مقصد او پیژنی. مقصد د سوال جواب ورکوی،" چه ولي دا ضروری ده؟،، د دِ سوال د جواب نه د خبریدو سره ډیر لیډران د مشکلاتو په وخت رهنمائ اخلی. بل، لیډران خپل

مشن او پیژنی. الله پاک خلق په یو معاشره کښي ځکه راجمع کوی چه دوی د هغهٔ په مرضئ لاړشی. مشن د سوال جواب ورکوی" چه څوک ورکښي شاملول پکار دی؟،،اخر کار،ښهٔ لیډران واضحه او جامع مقاصد پسې ځی. مثالی توګه باندي،یو لیډرخپل بصیرت،مقاصد،او مشن د څلورو نه تر پینځهٔ مقصدونو حاصلولو د پاره وړاندي کوی. مقصد د سوال جواب ورکوی،،مونږ به دا څنګه کوؤ.

مونږ دا معلومه کړي ده چه لیډران په ټولګو کښي ضم کول څومره ګران کار دي. الله پاک به همیشه تا په حیرانتیا کښي اچوی چه ته ي د چا سره خوښ کړي يي. د ټولو نه زیات فائده منده رسائ دا ده چه یو کس سره که هغه د وړاندي نه لیډر یا لیډره وی ښهٔ سلوک اوکړي شی. یو کس یا کسه د خپل ځان ښهٔ رهنمائ کولي شی،خو دا بیا هم رهنمائ ده. خلق براه راست زمونږ د توقع مطابق ډیر ښهٔ لیډران جوړیدي شی. هر کله چه مونږ خلقو سره د پیروکارو په شان سلوک کوؤ، نو هغه پیروکار جوړیږی. هر کله چه مونږ خلقو سره د لیډرانو په شان سلوک کوؤ نو بیا هغه لیډران جوړیږی.یسوع مسیح د هر طبقي د سوسائټئ نه انتخاب کوی چه دا اوښائ چه د ښهٔ لیډرشپ دارو مدار د هغهٔ سره د تسلسل په وجه دي،نه چه اکثر خلق ظاهری علامات تلاش کوی. مونږ ته د لیډرانو کمي ولي دي؟ځکه چه موجود لیډران نوی خلقو ته د رهنمائ موقعي ورکولو نه انکار کوی.

څو عواملو د الله پاک تحریک د ښهٔ لیډرشپ د کمی د وجي په قلار کړي دي. افسوس چه،مونږ په ډیرو داسې ځایونو کښي د لیډرشپ بیشمیره خلاء ده مونږ ډیرو خلقو ته تربیت ورکړو(چه پکښي امریکا هم شامله ده). خدائ لیډران په معاشره کښي د سلام،امن،بخشش،درستګی طرف ته یو لاره د ه. لاندي د البرټ ائن سټائن یو مشهور قول دي: مونږ خپلي موجوده مسلي د موجوده لیډرشپ په ذریعه نه حل کولي:. الله پاک د ډیرو نوؤ لیډرانو خپل ځان طرف ته مائل کولو دپاره د یسوع مسیح دتربیت طریقه استعمالوی. مونږ دا دعا کوو چه هغه شان ستاسو دپاره اوشی. الله د اوکړی چه د هري زماني عظیم لیډر ستاسو زړهٔ او دماغ د روحانی بخشش نه ډک کړئ، تاسو مضبوط کړی،او ستاسو اثر خور کړئ -_ د لیډرشپ اصل ازمائش.

دویمه حصه

د لیډرشپ تربیت

1

ستړي مه شئ

د تربيت ورکونکی او د ليډر تعارف په ړومبی سبق کښي کيږی. بيا ليډر په يونانی او عبرانی ژبه کښي د تربيت طريقو کښي تميز کوی. يسوع مسيح دواړه طريقي استعمال کړی او مونږ هم دغسي کوؤ. د ليډرانو دتربيت په طريقو کښي د عبرانی طريقه ډيره سود منه ده. او دا اکثر د پوخ ليډر د تربيت دپاره استعماليږی.

د سبق مقصد ليډرانو د پاره د يسوع حکمت عملی باندي ځان پوهه کول او بيا دنيا ته ځان رَسَول دی. د يسوع د پينځهٔ حکمت عملو کښي شامل: په الله پاک پوخ يقين ساتل، تعليمات نورو ته رسول، مريدان جوړول، ټولګی شروع کول چه روستو بيا په ګرجو کښي بدل شی،او د ليډرانو تربيت. په ړومبئ حصه نظر ثانی اوکړئ چه منونکی د يسوع دحکمت عملئ هره حصه په ښهٔ طريقي سره اومنی. ليډران دِ هم د بصيرت مظاهره اوکړی او ديسوع د حکمت عملي دِ پيروی اوکړی،چه نورو د پاره يو نمونه او ګرځی. د دِ دور خاتمه د دِ خبري سره کوؤ چه د يسوع دِ روزانه پيروی اوشی او د هغهٔ حکم د اومنلي شی.

حمد و ثناء

- دوه حمدونه یا تعریفی نغمي دِ په یو ځاي اووئیلي شی.
- یو معزز لیډر ته اووائ چه هغه د تربیتی سیمنار دوران دالله پاک دموجودګي او د رحمت د پاره دعا اوکړی.

شروعات

د تربیت ورکونکی تعارف

- تربیت ورکونکی او لیډران د په شروع کیدوپه وخت کښي د یوي دائري په شکل کښي کینی.غیر رسمی ماحول پیدا کولو د پاره دِ د وړاندي نه موجود څیزونه لري کړی.
- تربیت ورکونکی دِ نمونه پیش کړی چه لیډران به هغوی سره خپل تعارف څنګه کوی.
- تربیت ورکونکی او تربیت اخستونکی دِ یو بل سره خپل تعارف اوکړی. هغوي د یو بل ته خپل نومونو اوښائ او دیو بل خاندان په حقله، د اخلاقی تولګی،او د هغي طریقي معلومات حاصل کړی چه الله پاک تیره شوي مبإشتي په تولګو خپل رحمت کړي وو. او هر کله چه هغوی رهنمائ کوله.

د لیډرانو تعارف

- لیډران په جوړو کښي تقسیم کړئ.

د خپل ملګری تعارف داسي اوکړئ لکه څنګه ما او زما نه تربیت حاصلونکو کړي اوو.

- هغوي د یو بل ته خپل نومونو اوښائ او دیو بل خاندان په حقله، د اخلاقی تولګی،او د هغي طریقي معلومات حاصل

کړی چه الله پاک تیره شوي مېاشتي په ټولګو خپل رحمت کړي وو، ضرور یاد ساتل پکار دی چه د هغوی حوصله افزائ اوکړئ او هغوی معلومات په خپلو ستوډنټ نوټ بکس کښي اولیکی د پاره د دِ چه دوی نه بیا دا هیر نه شی هر کله چه دوی د خپلو ملګرو تعارف کوی.

- تقریبا پینځهٔ منټه بعد د لیډرانو جوړو ته اووایئ چه هغوی خپل تعارف، او کم ازکم د خپلو پینځهٔ ملګرو تعارف بلکل هغه شان اوکړی لکه څنګه چه تاسو د خپلو ملګرو تعارف کړي وو.

یسوع مسیح به د لیډرانو تربیت څنګه کوؤ؟

- لیډرانو ته اووایئ چه خپلي کرسئ په قطار کښي کیږدی. دا د سبق د ښودلو روایتی طریقه ده. هغوي دِ کم از کم دوه قطاره ساز کړی چه د مینځنئ ستني پوري وی.

لیډران د په قطارونو کښي ناست وی او تربیت ورکونکی د مخامخ ولاړ دی. مونږ دي ته یونانئ طریقه وایو، استاد دعلم تبادله کوی او شاګردان تپوسونه کوئ. او هر یو کس د ټولو نه مخکښي خپل استاد مخاطب کوی. په روایتی طریقه بندي د ماشومانو د پاره استاد دغه شان کلاسونه منظم کوی .

- لیډرانو ته اووایئ چه هغوی خپلي کرسئ په دائره کښي بلکل هغسي کیږدی څنګه چه هغوی د سیشن په اغاز کښي ایښي وی. لیډرانو او تربیت کونکی دِ د یو ګول دائري په شکل کښي یو ځاي کینی.

مونږ دِ ته د عبرانئ طریقه وایو. استاد چه سوالونه تپوسی، شاګردان په مضمون بحث کوی او هر یو کس به هغه مخاطب کوی کوم یو چه خبري کوی. نه چه صرف استاد. استاد دا طریقه هغه وخت اختیاره وی کله چه هغه بالغانو ته سبق ښائ. یسوع مسیح کومه طریقه اختیار کړي وه؟

- شاګردانو ته اجازت ورکړئ چه هغوی په سوالونو بحث اوکړی او بیا اووائ ،،دواړه،، یسوع مسیح به یونانی طریقه

اختیاروله هر کله چه به هغهٔ ډیرو خلقو ته خپله خبره کوله نو عبرانی طریقه به ئي اختیاروله کله چه به شاګردانو ته دوی د لیډرانو په طور تربیت ورکولو.

" استاذان کومه طریقه د ټولو نه زیاته استعما لوی؟،،

- استاذان اکثر یونانی طریقه اختیاره وی. د نتیجي په طور مونږ په داسي ماحول کښي اسانی محسوس کوؤ.

" دَ دِ تربیتی دورنو په وخت مونږ دا ښایو چه لیډرانو ته په کوم وخت تربیت ورکړي شی، څنګه چه یسوع مسیح ورکړي وو. د پوخ لیډرانو د تربیت سیشن زیات تر په عبرانی طریقه کولي شی ، یسوع هم دغه طریقه اختیاد کړي وه کله چه به هغهٔ د لیډرانو تربیت کولو.

منصوبه

''په د سبق کښي زمونږ د ټولونه غټ مقصد د یسوع حکمت عملی زده کول دی، چه د هغهٔ پیروی اوکړي شی.،،

ګرجا څوک جوړه وی؟

میتهیو 16:18-
اوس زهٔ تاته وایم چه ته پیټر یئ(چه غونډئ معنه لری) او د هغه غونډئ په سر به زهٔ خپل چرچ جوړومه او د دوزخ ټول طاقت هم د هغي سرته نه شی رسیدي.(NLT)

،،هغه یسوع اوو چا چه خپله ګرجا جوړه کړي.،،

هغه ولي ډیر اهم کس دي څوک چه ګرجا جوړه وی؟

– 127:1-PSALM
کله هم چه یو لیډر یو کور نۀ جوړه وی نو د مزدوران محنت په کار نه راځی؛هر کله چه مالک په ښار نظر ساتی نو چوکیدار ضرور څه نه څه بیدار اوسی.

کله چه یسوع ګرجا نه وه جوړه کړي هغه وخته پوري زمونږ کار عبث اوو. یسوع د زمکی د وزارت او د ګرجي په تاریخ کښي ګرجا جوړولو کښي د ډیر لوي حکمت عملئ نه کار اخستي اوو. راځئ چه دا حکمت عملی زده کړو او مونږ دهغه پیروی او کړي شوؤ.

یسوع خپله ګرجا څنګه جوړوله ؟

- لاندیني ورکړي شوي شکل حصه په حصه راکاږئ ،خو تاسو د یسوع حکمت عملی خوره کړئ چه غږ یي دنیا ته اورسی.

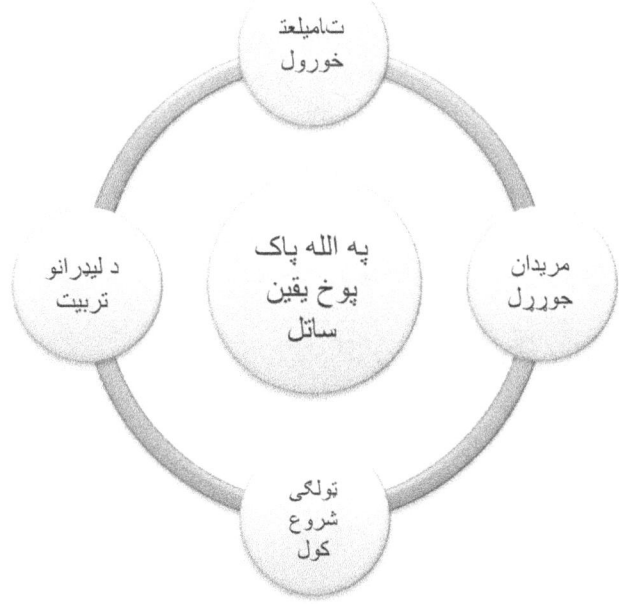

په الله پاک پوخ یقین ساتل

لوک 2:52 -
یسوع عقل مند شو، او هغه مضبوط شو. الله پاک دهغه نه راضی اوو او دا حالت د خلقو هم وو.

لوک 4:14 –
(د خپل رسالت نه پس) یسوع د پوره زور طاقت سره ګلیلی ته واپس راغي او دهغهٔ راتلو خبر خواؤ شا باندو کښي خور شو.(NASB)

د یسوع د حکمت عملئ ړومبي تر کیب په الله پاک پوره او پوخ یقین ساتل دی. روحانی لیډرشپ د الله پاکه او نزدي رشتي ساتلو باندي منحصر ده. چه مونږ مضبوط شو نو مونږ به د یسوع پیروی لازمی کوؤ.

✋ په الله پاک پوخ یقین
لاسونه اوچت کړئ او د یو پوخ سړی په شان اودریږئ.

ښتګه چه دا ښکاره ده چه مونږه یسوع منو، مونږله دعا غوښتل پکار دی چه مونږ له د هغهٔ حکم هم منل په پکار دی.

- او مونږ د هغهٔ په مشن کښي دهغهٔ سره یو،او یسوع سره هلته ملاؤ شئ چرته چه هغه کار کوی. دَدعا ،تابعداریٔ، تللو سبقونه دلاسونو د حرکاتو سره د یسوع د تربیت د پیرویٔ ړومبئ حصه ده: پاخهٔ مریدان جوړه وی:.

دا سبق مونږ ته دا تربیت راکوی چه یسوع په کومه طریقه اومنلي شی. دا زمونږ مدد کوی چه مونږ د نورو تربیت اوکړو او هغوی هم یسوع اومنی. په اقا باندي کامل ایمان د یسوع حکم منل دی. دیسوع باقی حکمت عملی ،حکم فورا او هر وخت د زړهٔ دننه منلو باندي شامل دی.

د تعليماتو خورَول

مارک 1:14,15-
روستو چه جان ګرفتاره شو،يسوع ګليلی ته لاړو او هلته هغۀ د الله پاک ښۀ خبري واؤرولي.،،اخر کار د الله پاک د کړي وعدي وخت راغي، هغوی اعلان اوکړو چه د الله بادشاهی نزدي ده! په خپلو ګناهونو پښيمانه شئ او په ښۀ خبرو يقين اوساتئ.(NLT)

،، مونږ د روح او د دعا په حالت کښي په الله پوره يقين کوؤ. يو بله ذريعه چه مونږ د يسوع حکم منلو سره په الله پاک پوره يقين لرو. يسوع مونږ ته حکم راکوی که هغۀ سره ملاويدل غواړئ نو هلته لاړ شئ کوم ځاي چه هغه کار کوی او ښۀ خبر خور کړئ.

تعليمات خوارۀ کړئ
خپل ښئ لاس ته داسي حرکت ورکړئ لکه چه تاسو تخم شيندئ.

د ډيرو خلقو دپاره، چه الله پاک هغوی ښنګه بچ کړل کوم تعليمات خورول او هغوې ته ښۀ دشروعات ښۀ ځايونه ورکړه ځوک چه نورو خلقو ته د ښۀ خبرو پيغام ورکوی.خلق زمونږ خبري په شوق سره اوری او زمونږ د قيصو نه مزه اخلی. زمونږ تعليمات خورول مونږ ته اجازت هم راکوی چه ګورئ که چري پاک روح کار کوی نو بيا هلته شامل شئ.

کله چه مونږ ګورو چه کوم ځاي الله پاک کار کوی، نو بيا مونږه ساده تعليمات خوروؤ. په ډير اختياط سره د تعليماتو تخم نال کوئ. ياد ساتئ :چه تخم نه وی نو فصل د کومي!،،

- د يسوع د تربيت پيروی :ړومبئ حصه پاخۀ ليډران جوړولو کښي په تلو، خورولو او کرولو يا نالولو سبقونو نظر ثانی اوکړئ.

په دِمقام به د شیطان په هیڅ قسمه جال کښي ځان نه غورزوي. ډیر عقیدت مند په غلطئ سره دا سوچ کوی چه دتعلیماتو د خورولو نه وړاندي هغوی په الله پاک پوخ یقین ضروری دي. دوی دا نه محسوسئ چه مخالف رشتوني دي. د یسوع د حکم منلو نه روستو زمونږ یقین پخیږی نه چه وړاندي. د یسوع د حکم اطاعت اوکړه او تعلیمات یې خوارهٔ کړه نو بیا به ته په خپله عقیده کښي مضبوط شي. که چرې ته دا انتظار کوي چه مضبوطی بس شته ، نو بیا ته هیچرې خپله عقیده نه شي خوروليِ.،،

مریدان جوړول

میتهیو 4:19-

،،راشئ، زما پیروی اوکړئ،، یسوع فرمائلی، او زهٔ به تا د انسانانو ماهیګیر جوړ کړم.،،

ښنګه چه مونږه یسوع منو، او د هغهٔ تابعداری به کؤؤ دهغه دا حکم چه تعلیمات خوارهٔ کړئ، خلق به جواب را کوی او مونږ د عقیدت مندو په شکل کښي ډیریدل غواړو.،،

مریدان جوړ کړئ

لاسونه په سینه کیږدئ او بیا عبادت ته توجه ورکئ. لاسونه په نرئ ملا کیږدئ او بیا د کلاسک دعا شکل جوړ کړئ. لاسونه دماغ طرف ته یو سئ او بیا لاندي یوسئ لکه تاسو یو کتاب لولئ. لاسونه بره اونیسئ لکه د پهلوان سړی شکل چه وی،او بیا جارو کش شکل جوړ کړئ لکه چه تاسو تخم شیندئ.

د ټولو نه اهم حکم منل د الله او د مخلوق سره مینه ساتل دی. مونږ و یسوع نوؤ پیروکارو ته ښایو چه دا مشقی طریقه به ښنګه کوؤ. مونږ هغوی ته دا هم ښایو چه دعا به ښنګه غواړو او یسوع حکم به ښنګه منو، د روح سره روان ، کوم ځاي چه یسوع کار کوی هلته تلل،د هغهٔ تعلیمات خورول او دهغهٔ ساده تعلیمات خورل، نوهغوی بیا په الله پاک پوخ یقین هم لری.

- د یسوع د تربیت په پیروئ ړومبي حصه پاخهٔ مریدان جوړول: دلاسو په اشارو سره د میني د سبق جائزه واخلئ.

7ټولګی او ګرجي شروع کړئ

میتهیو 16:18 –
زهٔ دا هم وایم چه ته یو پیټر یي، او د دِ غونډئ په سر به زهٔ خپله ګرجا جوړومه: او هیډیس دروازي به په د زوره وري نه وی.

ځنګه چه مونږه د یسوع حکم منو او تابعداری کوو، مونږ تعلیمات خوروؤ او مریدان جوړوؤ. بیا، مونږه د یسوع پیروی کوو،مثالونه ورکوؤاو دعبادت ټولګی شروع کوو،سبق وایو،او وزیران یو ځاي کوؤ. یسوع د خپلو ګرجو د مضبوطو لو د پاره دا قسمه ټولګی په ټوله دنیا کښي شروع کوی، او دخپل شان وشوکت دپاره د نوی ګرجو په جوړولو کښي مدد کوی.

ټولګی او ګرجي شروع کول
لاسونه خپل داسي یو ځاي کړئ لکه چه تاسو د خلقو د جمع کولو د پاره اواز کوئ.

لیډرانو ته ترقی ورکړئ.

میتهیو 10:5-8 –
د لاندینی هدایاتو سره یسوع دا دولس پیغامونه رالیږلی دی: د جاهله کسانو په مینځ کښي به نه ځئ یا د سماریټان کومه قصبه چه وی هغي ته ننوځئ. د اسرائیل ورکه شوي ګډي پسي لاړشئ. او کله چه تاسو ځئ نو دا پیغام خوره وئ: ،د اسمان بادشاهی نزدي ده.،بیماری روغه کړئ، مرده پاسه وئ، هغه خلق پاک کړئ چا ته چه برګي مرض دي،شیطان او باسئ، په اسانئ سره چه څه تاسو موندلئ دي، په اسانئ سره یي ورکړئ.

هسې هم مونږ يسوع منو،بس مونږ ته پکار دی چه د هغهٔ سره د مينې اظهار د هغهٔ د احکاماتو په پيروئ سره اوکړو. مونږ تعليمات خوروؤ نو کيدې شی چه ضايع شوی خلق واپس د الله پاک خاندان ته راشی. مونږ مريدان جوړه وؤ ځوک چه د الله پاک د هغهٔ د مخلوق سره مينه کوی. مونږ ټولګی شروع کؤؤ څوک چه عبادت، دعا،لوستل،او وزير يو ځاې کوی. نور ټولګی دنورو ليډرانو ضرورت زياته وی. په دويم ټائموډی (Timothy) 2:2 د 222 د اصول په پيروئ سره، مونږ ليډرانو ته تربيت ورکؤو،هغوی ليډرانو ته تربيت ورکوی،هغوی نور ليډرانو ته تربيت ورکوی.،،

- ليډرانو ته ترقی ورکړئ
ويخ اودريږئ او لکه د فوجی سليوټ/سلام اوکړئ.

- د خپل لاسونو حرکت سره د يسوع د تربيت پيروئ ړومبئ حصه،پاخهٔ مريدان جوړولو د زياتولو جائزه واخلئ.

مهربانی اوکړئ چه د يسوع د حکمت عملئ عام بد ګمانئ نه ځان اوساتئ. ډير عقيدت مند متواتر د دِ حکم د تعميل کوشش کوی. ړومبې هغوی سوچ کوی،چه مونږه به اول د تعليماتو پرچار کؤؤ،بيا،به مونږ مريدان جوړه اؤؤ، اودهغه شان به جاری وی. يسوع، بهرحال،مونږ ته دا ښودلی دی چه په هر ځاې کښې به د ټولو احکاماتو تابعداری کوئ. د مثال په توګه،څنګه چه مونږ تعليمات خوره اؤؤ،نو دغه رنګې مونږ يو کس ته دا تربيت ورکوؤ چه يسوع پيروی به څنګه کوی. څنګه چه مونږ مريدان جوړه اِوؤ، نو دغه شان مونږ د نوی عقيدت مندو د موجوده يا د نوی ټولګی په تلاش کښې مدد کؤؤ. په شروع کښې مونږ د روحانی ليډرجذباتی عادتونه وړاندې کؤؤ،دا په پينځهٔ حصوو مشتمله حکمت عملی دا بيانه وی چه يسوع خپله ګرجا څنګه جوړه وی.

مريدان د يسوع حکمت عملی په اولنی چرچ کښې بيانه وی. پاول دا حکمت عملی په خپل مشن کښې د ښه والی دپاره

نقل کړي ده. کامیاب روحانی لیډرانو د ګرجو په ټول تاریخ کښې بلکل دغه شان کړي ده.کله چه لیډران د یسوع د حکمت عملئ په وجه دنیا ته اورسیدو نو الله پاک په باقي ملکونه په خصوصی توګه رحم اوکړو. مونږ له د یسوع د حکمت عملئ پیروی کول پکار دی،او بیا د الله پاک جمال په د ملک کښې اګورئ.،،

یاد ګاری باب

1 کورینتهینز 11:1-
په ما یقین اوکړئ،چه زهٔ هم د عیسائیانو نه یم.(NAS)

- دمرض نه د جوړیدو ،هلته څوک دی او هغوی ته اووایه،چه داالله بادشاهی نزدي ده.،، هر یو د پاسی او دا یادګاری باب د لس ځله په شریکه اووائ. ړومبی شپږ ځله دِ د بائیبل یا د طالب علم د نوټ بک نه اووائ. اخری څلور ځل د دا باب په یادو اووائ. دباب ویلو نه د وړاندي هره پیره د باب حواله ورکړی او چه کله ختم شی نو بیا د کینی.
- په د طریقه تربیت ورکونکی پیژنی چه کوم یو ټولګی سبق د مشق سره په د حصه کښې ختم کړو.

مشق :-

اوس راځئ چه مشق اوکړو چه مونږه د یسوع د حکمت عملئ نه دنیا ته د رسیدو د پاره څه زده کړل. مونږ به خپل نمبر د یسوع حکمت عملئ خپل مینځ کښې تبادله کؤو. او بیا به مونږ نورو ته د ښودلو په خپل ځان کښې حوصله پیدا کؤو.

- لیډرانو ته اؤوائي چه په جوړو کښې تقسیم شی.

د کاغذ یو ورق واخلئ.کاغذ په مینځ غونډ کړئ. اوس،بیا دا مزید په مینځ غونډ کړئ لکه څنګه چه ما تاسو ته ښودلي ؤو.

دا به تاسو ته د یسوع و حکمت عملی د تصویر جوړلو د پاره ځلور حصې درکړی کله چه تاسو دا واپس خور کړئ.،،

- لیډرانو ته اووائې چه د یسوع د حکمت عملئ د تصویر جوړلو دا مشق یو بل ته په وضاحت سره او ښائ. دواړه لیډران د حکمت عملئ دا تصویر په یو وخت جوړ کړی. صرف یو کس دِ د وضاحت کار په لاس واخلی. لیډرانو ته ضرورت نه شته چه هغوی د مریدان د جوړولو دسبق جائزه واخلی کوم وخت چه دوی دا تصویر جوړه وی.
- کله چه ړومبې کس په جوړه کښې دیسوع د حکمت عملئ د تصویر د وضاحت کار ختم کړی نو بیا دِ دویم کس هم هغه شان اوکړی. دواړه ملګری دِ په دویمه پیره یو نوې تصویر جوړ کړی. بیا ملګری له پکار دی چه پاسی د دا یاد ګاری باب 10 لس پیری اوواې،دهغې نمونې په شان کومه چه تاسو ته مونږ په شروع کښې ښودلې وه.

،،کله چه تاسو تصویر دوه ځله جوړ کړئ او یادګاری باب لس ځله د خپل ړومبی ملګری سره اوواې،نو بیا یو بل ملګرې تلاش کړئ او د دِ سبق دا مشق بلکل د ړومبی په شان اوکړئ.

او هر کله چه تاسو دا مشق د دویم ملګری سره هم ختم کړئ نو بیا یو بل ملګرې او ګورئ.

او دیسوع د حکمت عملئ دا مشق هغې پورې جاری اوساتئ تر څو چه تاسو دځلورو مختلفو کسانو دنیا ته اورسئ.

هر کله چه لیډران داسرګرمی ختمه کړی، نو بیا هغوی ته پکار دی چه د کاغذ مخه او شا ډکه کړی د یسوع د حکمت عملئ د اتهٔ 8 تصویرونو سره.

اختتام

یسوع واي ،،زما پیروی اوکړئ،،

میتهیو 9:9-
څنګه چه یسوع د دِ ځاي نه لاړو، نو یو سړي اولیدو چه د هغهٔ نوم میتهیو اوؤ او د ټیکس جمع کولو په کمره ګئ کښي ناست اوو. ما پسي راځه، هغهٔ هغي سړی ته اووي او میتهیو پاسیدو او او هغهٔ پسي روان شو.

ټیکسونو جمع کولو والا خلق د یسوع په زمانه کښي ډیر حقیر خلق ګڼرلي شول. هیچاته دا یقین نه وو چه یسوع به میتهیو رابلی ځکه چه یو ټیکس جمع کولو والا وو.

یسوع په حقیقت کښي مونږ ته دا ښودل چه د تیري زماني په نسبت به موجوده زماني خیال ډیر ساتي. تاسو له دا سوچ کول پکار دی چه الله پاک ستاسو په ژوند کښي کار نه شی کولي ځکه تاسو د ډیرو ګناهونو شکار یي. تاسو له د تیري شوي زماني په تبصرو شرم پکار دي. ښهٔ خبرونه دا دی،چه الله کوم کس اوغواړي نو دیسوع په پیروئ یي اولګه وی. الله پاک په غور سره خلقو ته ګوری،څوک چه په رضا کارانه طور باندي هغه منی او اطاعت یي کوی.

کله چه مونږ د چا پیروی کؤ، نو دهغهٔ یا د هغي نقل کؤو. یو زیر تربیت کس د خپل مالک نقل کوی چه د خپلو استاذانو په شان هنر زده کړی.

مونږ ټول د چا نقل کؤ. د کوم کس چه مونږ نقل کؤو مونږ د هغهٔ کس په شان جوړلیدل غواړو. د یسوع د تربیت د اطاعت مقصد دا دي چه څنګه مونږ د هغهٔ نقل اوکړو. مونږ زیات نه زیاتِ یقین اوساتو او د هغهٔ نقل اوکړو نو مونږ به د هغهٔ په شان جوړ شو. پس په دِ تربیت کښي مونږ د لیډرشپ نه تپسونه

کؤؤ،د بائیبل لوستل کؤؤ،دا معلومات واخلو چه یسوع به دخلقو ځنګه رهنماي کوله،او د هغهٔ دپیروئ مشق اوکړو.

- د ټولګی یو معزز لیډر ته اووایي چه سبق درحمت د دعا ګانو سره ختم کړئ او د یسوع د حکمت عملئ د پیروئ دنیا ته رسولو دپاره ځان وقف کړی.

2

د یسوع مسیح په شان تربیت

د ګرجو او د ټولګو په پر مختګ کښي د عام مسائلو مخ نیوي د پاره د نورولیډرانوضرورت دي. د لیډرانو د تربیت د پاره کوششونه اکثر کم پریوزی ځکه چه زمونږ. سره د پیروئ یوه ساده طریقه نه شته. د دِ سبق د ښودلو مقصد چه یسوع به لیډرانو ته څنګه تربیت ورکولو، یس مونږ له د هغۀ په نقش قدم تلل پکار دی.

یسوع به لیډرانو نه په مشن کښي د پر مخ تګ تپوس کولو، او که لیډرانو ته به څه مسائل راتلل نو د هغي باره کښي به يي بحث کولو. هغۀ به دهغوی د پاره دعا هم کوله او د مشن د منصوبي جوړولو کښي به يي ورسره مدد کولو. د هغۀ د تربیت یو اهم حصه د مهارت مشقونه اوو چه د هغوی د راتلونکی وخت د وزارتونو ضروریات وو. په سبق نمبر 2 لیډران د لیډرشپ د تربیت طریقه کار د خپلو ټولګو دپاره په کار راولی،هو به هو د یسوع حکمت عملی دنیا ته رسَول دی.اخرکار،لیډران د،، تربیت وني،، ته ترقی ورکوی او د تربیت په جوړخت کښي مدد کوی او د تربیت د لیډرانو دپاره دعا ګاني کوی.

حمد و ثناء

- دوه عبادتی سندري په جمع اووايي. يو ليډر ته د دِ سيشن د دعا دپاره خواست اوکړئ.

ترقي

- د تربيت يو بل ليډر ته د دري منتو مختصر دتعليماتو خورولو خواست اوکړئ چه الله پاک د هغۀ يا د هغي ټولګی باندي رحم اوکړی. د ليډر د تعليماتو خورولو نه پس، ټولګو د هغۀ يا د هغي دپاره د د عا خواست اوکړئ.

مسائل

دګرجو او ټولګو پيژندګلو دپاره د زياتو ليډرانو حاجت وی،خو ډير ځلي هغوی دا نه پيژنی چه يو کس ته ځنګه تربيت ورکړي شی. موجوده ليډران زياته زمه واری اخلی او تر هغي پوري کار کوي تر څو چه دوی پاخۀ شوی نه وی. پيروکار ليډرانو نه دزيات کار غوښتنه کوی او کم از کم هغه وخت کار پريږدی چه پوره شی.ګرجي او ټولګی په هر ثقافت او هر ملک د متواتر مسائلو شکار دی.،،

منصوبه

مونږ دا زده کولي شو چه جذباتی او روحانی ليډرانو ته تربيت ورکړو. او د دِ سبق مقصد دا دي چه يسوع به خپل ليډرانو ته ځنګه تربيت ورکؤ، پس مونږ دِ هم هغۀ نقل اوکړو.،،

جائزه

پخير راغلي
ګرجا څوک جوړه وی؟
دا ولي ضروری ده؟
یسوع مسیح خپله ګرجا څنګه جوړه کړي وه؟
په الله پاک پوخ یقین ساته.
تعلیمات خوارهٔ کړه.
مریدان ساز کړه.
ټولګی او ګرجي شروع کړه.
لیډرانو ته ترقی ورکړه.

کورینتهینز 11:1 –زما په شان شئ څنګه چه زهٔ د یسوع په شان یم، د یسوع په شان ښودنه اوکړئ.

یسوع مسیح به لیډرانو ته څنګه تربیت ورکوو؟

لیوک 10:17
هر کله چه دوه اویا(72)مریدانو واپسی اوکړه نو هغوی په ډیره خوشحالئ سره دا خبر بیان کړو چه کله مونږ ستا نوم واخستو نو شیطان هم زمونږه تابعداری شروع کړه.

ترقی:-

هر کله چه د یسوع مریدان د خپل مقصد نه واپسی اوکړه او کومي کامیابئ چه هغوی حاصلي کړي وي بیان ي کړي بس دهغه رنګي مونږ خپل رهنما سره خبره اوکړه چاچه مونږ ته تربیت راکوو. مونږه هغه کښي ذاتي دلچسپی واخسته ،چه د هغه خاندان څه کوی او څنګه هغه د خپل عیسائیت په کار کښي پرمخ تګ اوکړو.

17:19 ميتهيو.
د هغي نه روستو مريدانو په خپله د يسوع مسيح نه تپوس اوکړو،چه شيطانانو ته ولي په خپل مذهب کښي کردار نه ورکوو؟

مسائل:

مريدانو ته د خپل عيسائت په مذهب کښي او د راهبئ په کار کښي ډير مشکلات مخي ته راغلل،او هغوی د هغوی د يسوع مسيح نه مدد اوغوښتلو او تپوس ي ترنه اوکړو چه مونږه ناکامه ولي شو؟ دهغه شان مونږه هم خپلو ليډرانو ته وايو چه هغوی خپل مشکلات يو بل ته بيان کي کوم چه د هغوی مخي ته راځی،هم دا وجه ده چه مونږه خپل مشکلات د حل کولو دپاره د الله پاک ته مخي ته پيش کوو.

مسائل:
خپل لاسونه د خپل سر په دواړو طرفونو کيږده او دا سي ظاهره کړه لکه چه خپل ويښتي راکاږي.

10:1 ليوک:
د دِ نه پس أقا د دوه اوياوو(72) کسانو انتخاب اوکړو او دوه دوه(2،2) ټولګی ي ساز کړل او په خپله د هغوی مشری واخسته او هر کلی او هر ځاي ته لاړل چرته چه تلل اوو.

منصوبه بندي:

يسوع مسيح خپل مريدانو ته د خپل مقصد تر لاسو کولو د پاره ساده،روحانی او د حکمت نه ډکه منصوبه ورکړه.بلکل د هغه په شان مونږه هم د خپلو ليډرانو مدد کوو . او د راتلونکی

مقصد د حاصلولو د پاره منصوبه بندی کوو.کوم چه ساده وی او په الله پاک انحصار کوی.او هغوی ته د پیخو مسْلو باندي خطاب کوی.

منصوبه:
خپل گس لاس د کاغذ په شان خور کړه او په ښي لاس په هغه اولیکه.

⌖

4:1-2 جان _
یسوع مسیح ته معلومه شوه چه فراسیسز(د عسایانو یو ټولګي) واوریدل هغو د جان نه زیات عیسایان او خپل مریدان جوړول. اگر چه یسوع مسیح پخپله هغوی عیسایان نه وو جوړ کړی بلکه د هغوی مریدانو جوړ کړی وو.(این ایل ټی)

مشق:

کله چه ددِ خبري پته لگیدو نه پس چه نوی خلق یسوع مسیح نه د هغوی مریدانو عیسایت ته راړولی اوو.ډیر لیډران حیران پاتي کړل.دهغه شان د یسوع مسیح د ډیر مثالونو نه پتخ لگی چه هغه خپل مریدانو ته اجازت ورکړي وو چه د هغه د ځنت د تلو نه پس به هم د هغه کار هغسي جاری ساتئ. دهغه شان مونږه هم خپل لیډرانو ته د خپلي هنرمندئ د ښودلو موقع ورکوو، ځکه چه کله هغه خپلي گرجي ته واپس ځی نو دا هنر بیا د هغه پکار راځی.مونږه هغوی ته یو محفوظ ځاي ورکوو. چه عملی ښودنه او کړی غلطیاني کوی او اعتماد حاصلوی.

مشق:
خپل لاسونه لاندي او بره یوسئ ځنگه چه تاسو وزن اوچته وئ.

⌖

22:31:32 -ليوک :
يسوع فرمايلئ دی َسمن زما خبره واوره سيطان د خپل حق مطالبه کړي ده او په تاسو کښي د هر يو امتحان واخلی.چنګه زميندار د غنمو نه بهوس ځان له کوی.خو سمن ! ما دا دعا کړي ده چه ستا عقيده به پخه وی. او ما ته د راتلو نه مخکښي د خلقو مدد او کړه.

دعا:

يسوع ته د مخکښي نه دا پته وه چه پيټر به غلطياني کوي. او هغه به څوک ضرور لمسوی چه خپل کار پريږدی.يسوع مسيح ته دا هم پته وه چه دعا د کاميابئ چابی ده.او د الله پاک په اطاعت کښي پوخوالي او کاميابی ده.د هغه چا د پاره دچا چه مونږه رهنمائ کوو او دعاد تولو نه پخه وسيله ده.

دعا:
په روايتی طريقه سره لاسونه يو ځاي کول او بيا مخ ته وړل دی.

ياد ګاری أيات \باب:-

لوک 6:40-
يو مريد په مرتبه کښي د خپل استاد نه اوچت نه وی خو چه مکمل طريقه باندي تربيت شده وی نو بيا استاد په شان وی.

- هر يو کس پاسی او پاک ايات لس پيري لولی،ړومبئ شپږو پيرو د پاره هغوی د بائيبل نه يا د طالب علم د کاپئ نه کار اخلی.او اخيری څلور پيري په يادو اړوي.او هر يو د دوباره وئيلو نه مخکښي هره پيره د دِ ايات حواله ورکوی.او چه هغه دا ختم کړی نو ليډر به هغه ته د کيناستو حکم ورکوی.

- دهغه شان په دِ طریقه تربیت احستونکو ته مدد ملاویږی او دا پته هم لګی چه کوم یو ټولګی مشقی طور باندي سبق ختم کړي دي.

مشق:

- لیډران په څلور ټولګو کښي تقسیم کړه.
- لیډران د تربیتی عمل نه نمبر په نمبر تیروه او لاندینۍ ورکړي شوي حصي باندي د بحث کولو دپاره د اوو نه اتهٔ (7-8) منټو پوري وخت ورکه.

جائزه\کتنه:

خلقو ته د رسیدو دپاره د یسوع مسیح د حکمت عملۍ هغه پینځه حصي کومي دي؟

- د لیډرانو د جواب شانتي په سپین بورډ باندي یوه نقشه جوړه کړئ.

پیش قدمی:-

د د نیا د قابو کولو د پاره ستا ټولګی ته د یسوع مسیح د حکمت عملۍ کومه حصه د دُ ټولو نه أسانه ده؟

مشکلات:-

د یسوع مسیح په حکمت عملۍ کښي د دنیا پیژندلو دپاره ستاسو ټولګو ته چه کوم مسائل مخي ته راغلل هغه یو بل ته بیان کړئ.د یسوع مسیح د عملۍ په کومي حصي باندي د عمل کولو ستاسو ټولګو ته مشکلات راغلی وو؟

منصوبې.

راتلونکی(30) دیرش ورځو کښې چه تاسو له کوم کار کول دی او د هغې د پاره خپل تولګې وړاندې کول وې یو بل ته او ښائې. کوم چه به د یسوع د حکمت عملۍ په زور ددنیا د پیژندو دپاره ډیره پکار راځی.

- هر یو کس له د خپل ملګری منصوبه یاد ساتل پکار دی چه روستو بیا د هغوې دپاره دعا اوکړې شی.

مشق:

یو هغه هنرخلقو ته وړاندې کړه کوم چه به ته د یو لیډر په توګه ستاد تولګې په ترقۍ کښې مدد کوې او بذات خود به دا مشق ته په راتلونکو دیرش 30 ورځو کښې کوې.

- هر یو کس د خپل ملګری د مشق أشیأ یاد لرئ ځکه چه هغوی بیا هغوی دپاره دعا اوکړې شی.
- د هغې نه روستو هر کس به د خپل هنر مندئ په مشقی طور مظاهره کوی.د تولګو په سکل کښې به نمائندګان پاسی او دا یادګاری ایات به لس پیرې وایې.

دعا :-

په خپلو وړو تولګو کښې د یو بل د منصوبو د کامیابیدو دپاره ،او هغه هنر کوم چه به تاسو په راتلونکی 30 ورځو کښې د خپل ځان د لیډر د ثابتولو دپاره پیش کوئ وخت ورکړې

اختتام :

د تربیت ونه

تربیتی ونه د خلقو د منظم کولو او د دعا دپاره یوه فائده منه ألله ده،مونږ د لیډرانو په حیثیت سره تربیت اخلو.

- په یو سپین بورډ باندي د یوي وني تنه،دهغي جرړي او کرښنه راکاږئ چه د گیاه حد اوښاي.

زۀ خپله تربیتی ونه داسي جوړل شروع کوم،اول یوه تنه بیا جرړي او اخره کښني گیاه . د بائیبل دوینا مطابق مونږ د عسائیت جرړي یو. ددِ وجي نه زۀ د هغه نوم دلته اچوم.دا نقشه زما تربیتی ونه ده زۀ د دِ په تنه خپل نوم لگوم.

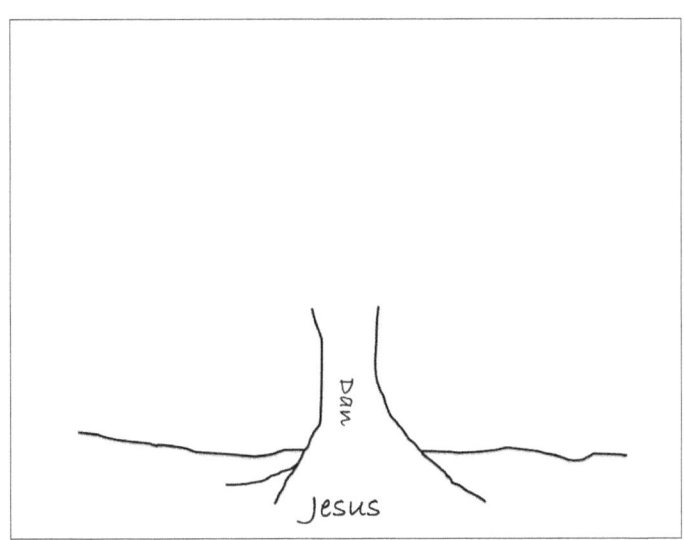

- د جړړو لاندي حصه باندي د یسوع مسیح او ستا نوم په تنه لکوم.

یسوع مسیح د لیډرانو په تربیت کښې زیات وخت په دري کسانو صرف کړي اوو، پیټر، جیمز او جان زهٔ د هغه تقلید کول غواړم ځکه به د هغه په شان عمل کوم.الله پاک ما ته دري لیډران راکړی دی چه په هغوی باندي زهٔ د خپل تربیت وخت صرف کوم.

- د وني نه یو خوا بل خوا دري کرښې راکاږه او د هر کرښې په سر باندي د هغو ټربیتی لیډرانو نومونه اولیکه.

یسوع مسیح دري کسانو ته تربیت او هغوی ته دا هم اخودل چه نورو ته به څنګه تربیت ورکوئ.که چري یو کس نورو دري کسانو ته تربیت ورکی لکه د یسوع مسیح په شان،نو بیا ټول ټال مونږ ته دولس کسان ملاویږی.ډیر ښه، د یسوع 12 مریدان وو د مزي خبره ده که نه؟

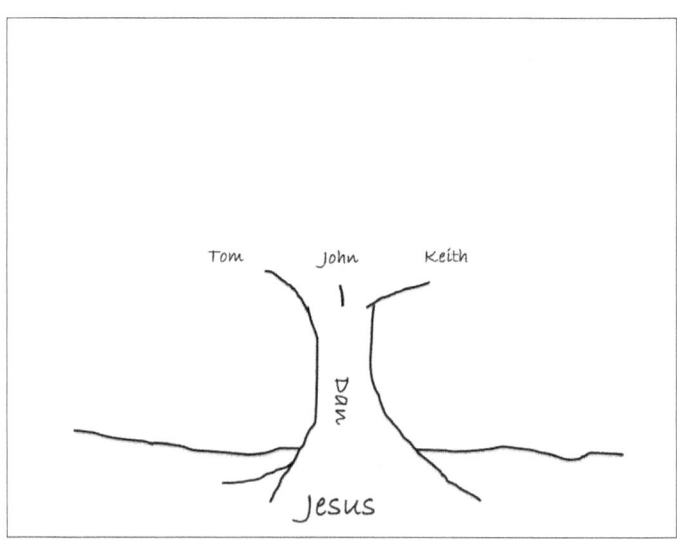

- یخوا ،بل خوا او بره طرف ته کرښې راکاږئ او په هغي باندي دهغو دري تربیتي لیډرانو نومونه اولیکئ کوم چه د تربیت

دپاره مختص دي.د برنئ هري كربښي په سر باندي د هغه كسانو نومونه اوليكئ چه ستاو اهم ليډرانو ته تربيت وركوى. خپل تربيتى وني باره كښي چه څومره هم پاک روح والا قيصي ستاسو زړۀ ته راځى هغه يو بل سره اړوى. دَ ښاخونو باندي پانړي جوړي كړئ او خپله تربيتى ونه مكمل كړئ.

اوس څما زړۀ غواړى چه تاسو د خپلي تربيتى وني نقشه راكاږئ، تاسو له پكار دي چه د هغو خلقو نومونه اوليكئ د چا چه په عيسائيت پخه عقيده وى.مګر كوشش دا اوكړئ چه تا سو سره ستاسو په ونه دولس كسان درج وى.ړومبي دري ښاخونو باندي د هغو اهم ليډرانو نومونه وى د كوم چه تاسو تربيت كول غواړئ. د هر ليډر به دري ښاخونه وى چه هغه به د هغه په ليډرانو مشتمل وى.او دهغه ليډرانو ته د تربيت دباره وخت وركول غواړى.

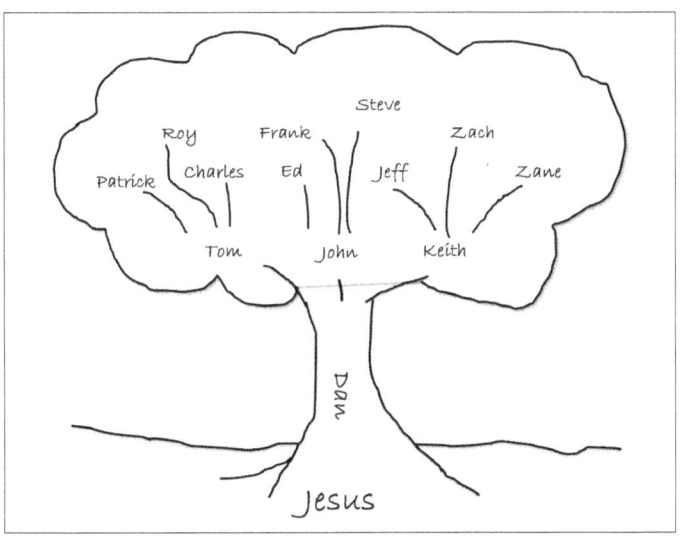

- هر كله چه ليډران د خپل تربيتي وني نقشه جوړوى نو لاندينى هر څه دِ يو بل ته اوښائ.

ما نه اكثر دا تپوس كيږى چه ما له ليډرانو ته څنګه تربيت وركول پكار دى؟ د يسوع مسيح دا فرمان دي تپوس اوكړه نو

څه به زده کړي. کوم څیز چه ستا پکار دي أیا تا هغه غوښتي دي؟ دا تربیت به تاته هغه څه درکوی د کوم چه تاته د لیډرانو د تربیت د پاره ضرورت دي.

بعضِ خلق دا وایٔ چه زهٔ خو څوک هم نه پیژنم خو د یو لیډر په حیثیت سره تربیت ورکولي شم. یسوع مسیح فرمائلی دي چه کله څه ګوري نو هغه به درته ملاویږي.ایا تا چرته د تربیت دپاره خلق لټولی دی یا د هغوی په انتظار ناست یې چه تا له به راځی؟هغه وئیلی لټوه او د چا په انتظار مه کینه...

اوس هم څه خلق تپوس کوی، کله ما له لیډرانو ته تربیت ورکول پکار دی؟ یسوع مسیح دا فرمائیلی ری، چه ور ټکوه په خپله به درته کهولاویږی.ایا تا چرته ور ټکولي دي؟ الله پاک به مونږه به په سمه لاره راواړی هر کله چه مونږ د ښي عقیدي متعلق ړومبي قدم اوچت کړو.

زمونږ د تربیتی ونې د نه کیدو وجه دا ده چه مونږه کله تپوس نه دِ کړي،نه مو چرته د چا ور ټکولي،او نه چرته د چا په لټون کښي وتی یو. کله چه مونږ د زړهٔ نه د یسوع مسیح هغه په احکاماتو عمل کوو نو الله پاک به مونږ ته د تربیت نوري نوري موقې راکوی د کومي چه مونږ.

سوچ کوو.دا أله کار د لیډرانو د ترقئ ،دمسائلو حل،منصوبې ،مشقی کارونه ،دعاګانو کښي مدد او لار ښودنه کوی.

- خپل ټولګي کښي لیډر ته خواست اوکړئ چه روان وخت د دعا سره ختم کړی.
  د خپلي تربیتی ونې د لیډرانو دپاره او د وړو وړو ټولګو د راروانو منصوبو دپاره دعا اوکړی. د راتلونکي میاشت دوران کښي د لیډرانو د ترقئ دپاره چه کوم مشقونه کیږی د هغه دپاره دعا اوغواړئ.

Steve
Roy
Frank
Zach
Patrick
Charles
Ed
Jeff
Zane
Tom
John
Keith
Dan
Jesus

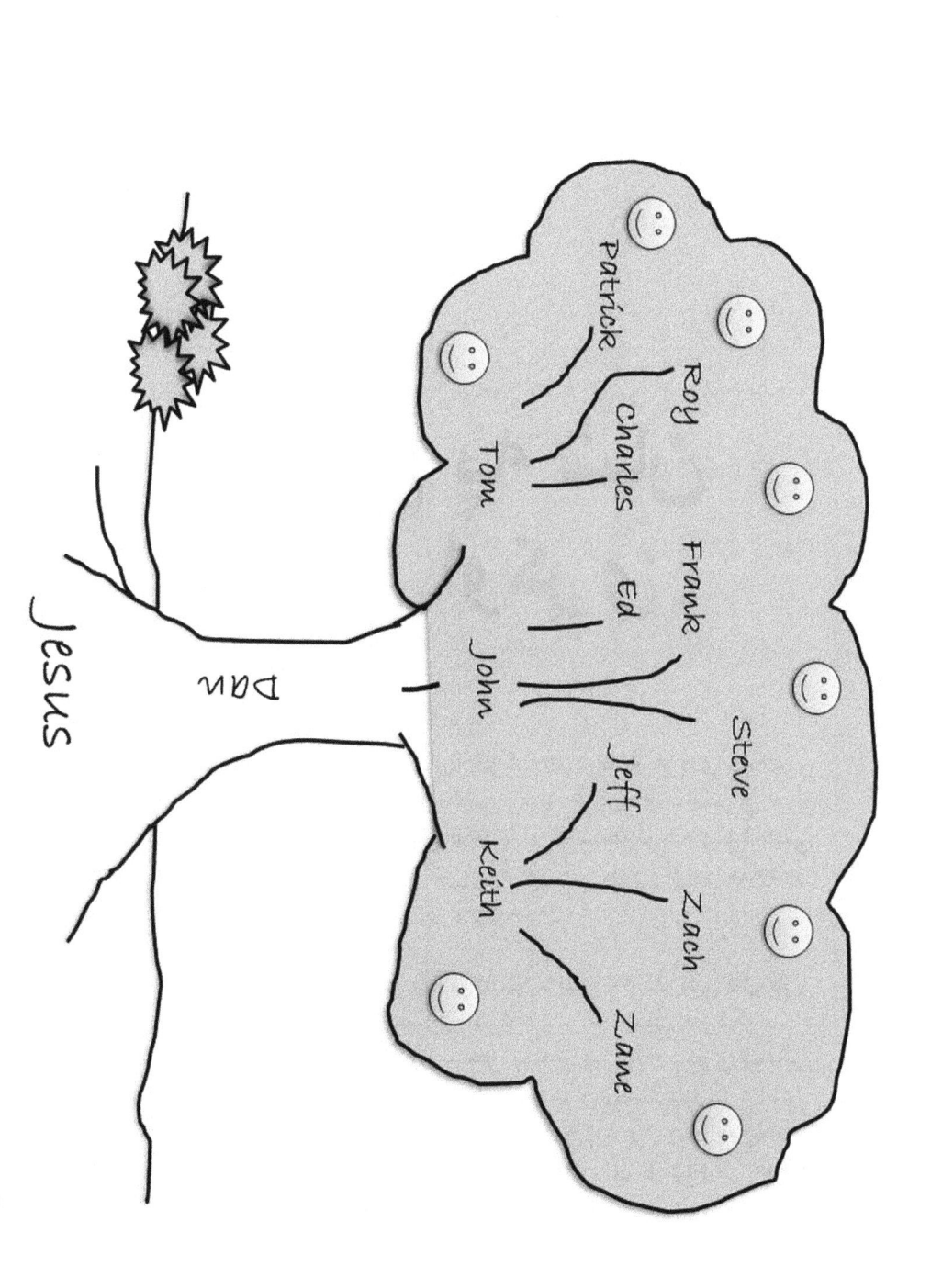

3

ديسوع په شان ليډري اوکړئ.

يسدع د هري زماني لوي مشر دي. څوک هم د هغۀ غوندي په ډېرو خلقو مشرى نه کولي.په دريم سبق کښي د يسوع غوندي د مشرئ اووۀ خوبياني ښودلي شوى دي.د خپلي مشرۍ د ازميختونو په رنړا کښي خپل ښۀ والي او بد والي ښود لي شى.پره /ټولګي جوړولو مرحله د يو بل سره د ملګرتيا کولو په سبق تر سره شوه.

هر څه د ليډر په زړۀ اثر کوى.ښۀ يا بد،نو د يسوع د طريقي نقل کوو چه څنګه هغۀ د خپل منونکو مشرى کړيوه.يسوع د خپل منړنکو سره مينه کړي وه بيا هغوى د هغۀ د ژوند غوښتنه او پيژندله. د پري/ټولګى کشالي يي پيژندلي وي.هغۀ خپل منونکو ته د مشرئ مثال ورکړي دي. هغۀ په نرمئ سره مخامخ شوي اوۇ.او هغۀ ته پته وه چه الله پاک د هغۀ نه راضى دي. هر څه زمونږ د زړۀ نه اووزى او زمونږ خوښه ده چه او غواړو چه مونږ ليډرى شروع کړو.

تعریف

- په یو ځاي دوه مذهبي سندري اووایي، لیډر/مشر ته خواست اوکړئ چه ددأ سیشن دپاره دعا اوغواړی.

ترقی

- بل مشر ته اووایي چه نمونه اوښائي چه الله پاک خنګه راضی کیږی.د دِ مشر دً ودني نه پس ټولګي ته اووائي چه د هغهٔ دپاره دعا اوغواړی.
- ددي په ځاي نمونه (الف) چه د مشر سره د وخت ښودنه، د محکښي تللو،هلي زلي،مشق،دعاءد مشرئ د ښودني په عمل باندي لار ښودنه کوی.

مسٔله

دنیا د هر قسمه د لیډرانو نه ډکه ده چه ماله د یسوع د منونکو خنګه لیډری پکار ده.

منصوبه

یسوع د هر زماني ستر لیډر دي،د هغهٔ په شان ډیر خلق هیڅ څوک هم نه شی په لار کولي.په دِ سبق کښي به مونږ دا ګورو چه یسوع خنګه لیډری کړي وه چه مونږ هم د هغهٔ په شان اوکړو.

جائزه

پخير راغلي
ګرجا څوک جوړه وياو
دا ولي اهمه ده؟
يسوع خپله ګرجا څنګه جوړه کړي وه؟
په الله پاک پوخ يقين ساتئ.
د يو بل سره د اسمانی صحيفو باندي خبري اوکړئ.
منونکی جوړ شئ.
تولګی او ګرجي جوړول شروع کړئ.

کورينتهينز 11:1 –زما په شان شئ څنګه چه زۀ د يسوع په شان يم، د يسوع په شان ښودنه اوکړئ.

د يسوع مسيح په شان تربيت ورکړئ.
يسوع ليډرانو ته څنګه ښودنه کړي وه ؟
پر مخ تګ
مسائل
منصوبه
مشق
دعا

لوک 6:40- شاګرد د استاذ نه اوچت نه دي خو هر هغهکس چه پوره پوره زده اوکړی د استاذ برابر دي.(ايچ سی ايس بی)

يسوع چاته عظيم ليډر وئيلي دي؟

ميتهيو 20:25-28
خو يسوع هغوی ټول راغوند کړل او هغوی ته يي اووي چه تاسوته پته ده چه حاکمان په خپل رعايا باندي څنګه حکومت کوی، او افسران په خپلو ماتحتو باندي خپل اختيار څنګه استعمالوی،په تاسو کښي چه څوک هم ليډر

جوړیدل غواړی هغه دِ خدمت اوکړیاو څوک چه د ټولو نه مخکښي تلل غواړی نو هغه دِستاسو غلامی اوکړی.د سړی ځوی د دِدپاره راغلي دي چه هغه د نورو خدمت او کړیاو دخپل ژوندون دِ د نورو د پاره قربان کړی.

عظیم لیډر دنورو ټولو نه لوي خدمتګار وی.

د فوجی غوندي سلام اوکړئ او بیا دواړه لاسونه پو ځاي کړئ او د نوکر غوندي راتیټ شئ.

د عظیم لیډر اووهٔ 7 خوبیاني

جان 13:1:17 –
د ډوډئ د ختمیدو نه لګه شیبه مخکښي یسوع ته پته وه چه د دظ دنیا د پریخودو وخت راغي.او د الله پاک طرف ته به لاړشی. د خپلو خلقو د چا سره چه هغهٔ ډیره مینه کړي وه،هغهٔ اوس هغوی ته خپله پوره مینه اوښودله. د ماښام ډوډئ په خلقو اوخوړه او شیطان جوډاس اسکاریېټ د سائمن ځوی باندي ډیره تادی وه چه یسوع بي لاري کړی. یسوع ته پته چه الله پاک هر څه په خپل لاس کښي ساتلی دی او هغهٔ ته پته وه چه هغه الله پاک رالیږلي دي
او د هغهٔ طرف ته واپس ځی. بیا هغه سمدستی د ډوډئ نه پاسیدو ،خپلي کپړي اویستلي او د خپل ځان نه یي تولیه تاؤ کړه.د دِ نه پس هغهٔ په لوخی کښي اوبهٔ واچولي او د خپلو منونکو پښي یي اووینځلي او بیا یي په خپله توایه اوچي کړي.هغه سائمن پیټر ته راغلي هغهٔ تري نه تپوس او کړو چه أقا ته به زما پښي اووینځي.یسوع جواب ورکړو چه اوس زهٔ چه کوم ته په هغي نه پوهیږي خو روستو به پوهه شي.
بیا پیټر جواب ورکړو چه نه، ته به زما پښي نه وینځي، یسوع جواب ورکړو چه تر څو زهٔ ستا پښي اونه وینځم ته زما سره نه یي.
بیا اقا سائمن پیټر جواب ورکړو چه صرف زما پښي نه زما سر او لاسونه به هم وینځي،یسوع جواب ورکړو چه

چاته د صفایي ضرورت وی نو هغۀ ته صرف د پښو وینځلو ضرورت وی،د هغۀ نور بدن صفا وی او ته صفا يي په تاسو کښې ټول صفا نه وی. هغۀ ته پته وه چه څوک هغه بي لاري کوی ځکه هغۀ اووئیل چه هر یو صفا نه وی.کله چه هغۀ د هغوی پښې اووینځلې او جامې يې واچولې او خپل مقام ته واپس شو.
تاسو ته پته چه ماتاسو دپاره څه کړی دی.هغۀ د هغوی نه تپوس اوکړو. تاسو ماته استاذ او اقا وائي او په اصل کښې زۀ یم هم داسې،چه زۀ ستاسو اقا او استاذ یم ما ستاسو پښې اووینځلې تا سو هم د یو بل پښې اووینځئ ما ستاسو دپاره یو نمونه پریخو ده، اوس تاسو هغسې کوئ چه څنګه ما تاسو د پاره کړی دی.
ما تاسو ته رښتیا اووئیل چه نوکر د اقا نه غټ نه شی کیدي او پیغمبر د پیغمبر دالیږلو والا نه غټ نه شی کیدي.
تاسو اوس په دِ خبرو پوهه يې که تاسو داسې کوئ نو په تاسو به رحمتونه راوریږي او تاسو ته به حوشحلئ ملاویږی.

عظیم لیډران د خلقو سره مینه کوی

ایت 1-یسوع او دهغۀ منونکی د هغۀ د پهانسئ نه وړاندي دشپې په ډوډئ باندي یو ځاي اوو.په بائیبل کښې دی چه هغۀ د خپل منونکو سره د زړۀ د کومی نه مینه کړي وه. او په دِ اخری ډوډې باندي دوی ته خپله مینه او ښودلهاخری ډوډې باندي دوی ته خپله مینه او ښودلهاخری ډوډې باندي دوی ته خپله مینه او ښودله.

د لیډر د پاره دا ډیره ګرانه وی چه خلق دِ ورانی کوی او دهغوی سره دِ مینه کیږی. نو یسوع د خلقو سره ډیره مینه کړي ده.

د یو لیبر دپاره دا ګرانه وی چه د هغۀ طرف ته د تنقید ګوته نیولي شی.او بیا هم هغه د خلقو سره مینه کوی.خو یسوع د خلقو سره ډیره ښۀ مینه کړي ده.

دیسوع په شان لیډری اوکړئ.

د مشر دپاره ډیره ګرانه وی،چه خلق هغوی ته ترخي خبري کوی،خو یسوع بیا هم د خلقو سره ډیره مینه کړي ده.

✋ خلقو سره مینه کوئ او په سینه باندي د میني لاس کیږدئ.

ښۀ لیډران خپل مقصد پیژنی.

ایت 3- په بائیبل کښي دی چه یسوع ته پته وهچه هغه د چرته نه راغلي دي او چرته به ځی. اوالله پاک د هغۀ په لاس کښي هر څه ایښی دی.

یسوع ته پته وه چه هغه زمکي ته د یو مقصد دپاره راغلي دي.

یسوع زمونږ د ګناهونو په وجه په صلیب د ختو د پاره راغلي وو.

یسوع دنیا ته د شیطان د شکست او زمونږ د الله پاک سره د تعلق د جوړولو د پاره راغلي وو.

الله پاک هر سړي دي دنیا ته د یو خاص مقصد دپاره رالیګلي دي. ښۀ لیډران د خپل مقصد نه خبر وی.او نورو خلقو ته بلنه ورکوی چه د خپلي لیډرئ مرسته پري اوکړی.

✋ د هغوی مقصد اوپیژنئ
د فوجی غوندي سلام اوکړئ او د خدمت کولو دپاره تیار شئ.

ښۀ لیډران د خپلو منونکو خدمت کوی

ایت 4 یسوع د ډوډئ نه پاسیدو او خپلي کپړي یي اوویستلي،او بیا یي دملا نه تولیه تاؤ کړه او دخپلو منونکو پښني وینځل ي شروع کړل.

ددنیا لیډران د خپلو منونکو نه دا هیله لری چه چه هغوی د دوی خدمت اوکړی،خویسوع د خپلو منونکو خدمت کولو.

د دنیا لیډران په خپلو منونکو باندي خپل زور بري ښاي.د یسوع غوندي لیډران خپلو خلقو ته زړۀورتیا ورکوله.

د دنیا لیډران د خپل ځان فکر کوی او د خپلو خلقو ورسره غم نه وی،خو دیسوع غوندي لیډران د خپلو منونکو د مسائلو د پاره منډي تړي وهی.هغویته پته وی چه هغه د نورو خلقو مسائل ذل کوی نو الله پاک د هغۀ مرسته او ملګرتیا کوی.الله زمونږ مرسته کوی کله چه مونږ د نورو خلقو مرسته کوو.

- د هغوی د منونکو خدمت اوکړئ
  د دواړو لاسونو سره د روایتی عبادت عوندي راتیت شئ.

عظیم لیډران په نرمئ سره پوهه کول کوی

ایت 9-6 – پیټر بیشماره غلطیاني کړي وي،خویسوع ډیر په نرمئ سره پوهه کړي وو.

پیټر یسوع ته اووئیل چه زما پښي مۀ وینځه خو یسوع هغۀ ته اووئیل چه د دوستئ د پاره دا ډیره ضروری ده یسوع هغه په مینه پوهه کړو.

پیټر بیا یسوع ته اووئیل چه د هغۀ پوره بدن اووینځه خو یسوع هغۀ ته اووئیل چه ته د مخکښي نه صفا یي، بیاي په مینه پوهه کړو.

دد نیا لیډران تنقید کوی ته بد رد واي خویسوع غوندي لیډران خپل منونکی په مینه پوهه کوی.هغوی ته داډ ورکوی او مخکښي راولی.

- په نرمئ سره پوهه کول.
د دواړو لاسونو نه د غټوګوتو سره دشهادت ګوتو نه
د زړۀ نښه جوړه کړئ.

5 غټ لیډران په ټولګو موجود مسائل نه ځان خبره وی.

په بائیبل کښې په ایت 11ړ01 کښې دی چه یسوع د یهودا په مسله چه د هغۀ په خلقو کښې اوو پوهه اوو او پته ورته وه چه دِ بي لاري کولي شی.

دا پته لګول چه مسله کوم ځاي دهاو بیا هغي ته مخامختیا کول د لیډرئ ډیره ضروری حصه ده. ډیر لیډران ځان د مسلو نه ځان پټه وی او خپل خلق ور مخامخ کوی او د دِ سره مسله نوره هم خرابیږی.

یسوع اوکتل چه چه هغه د یهودا سره په ملادیدو کښې خنداﻥ اوښودل ورته پته وه چه د ورانو کارونو بدله االله ورکوی لیډران یي په خپله نه ورکوی.

- د ټولګی مسائل
دواړه لاسونه د خپل سر په دواړو طرفونو کیږدئ لکه چه ستاسو په سر دړد وی.

غټ لیډران د تلو دپاره ښۀ مثالونه ورکوی

بلب نمبر 12:6 یسوع د خپلو منونکو د پښو وینځلو وجه اوښوده.یسوع دهغوی لیډر اوو ځکه یي د هغوی پښې اووینځلي دا نوکر کار دي.

یسوع خپلو ملګرو ته اوښودل چه په لیډرئ کښې د ید بل خدمت کول هم شامل دی.که یسوع منو نو دهغوی کړی کارونه به هم منو.

✋ ښئ مثال ورکړئ اسمان ته بره سر اوچت کړئ او اقرار اوکړئ.

عظیم لیډران پوهیږی چه هغوي رالیږلي شوی دی

په ایت اوولسم کښي یسسوع خپلو منونکو ته اووئیل چه ستاسو نه به الله پاک راضی شی ځکه چه تاسو د خلقو خدمت کوئ او د هغوی خدمت کوئ.

د نورو لیډری کول ډیره ګرانه ده خو چه چا یسوع منلي دي هغوی د لیډرئ جوګه دی.

لیډران د لیډرئ په وخت کښي یوازي وی خو یسوع په هغوی مهربانه دي چه د هغۀ منی.

منونکی هر وخت د خپل لیډر نه خوشحاله نه وی خو یسوع دا وعده کړي ده چه څوک وهغۀ غوندي د نورو خدمت کوی د هغوی مرسته به الله پاک کوی.

✋ دا اوګنړئ چه په هغوی د الله پاک کرم دي،اسمان ته ددعا دپاره لاسونه اوچت کړئ

یاد ګاری باب

جان 13:14-15 اوس چه زۀ ستاسو اقا او استاذ یم ما ستاسو پښي اووینځلي تاسو هم د یوبل پې اووینځی ما ستاسو دپاره مثال جوړ کړو تاسو دهغي څه اوکړوځنګه چه ما کړی دی.

- هر یو اودریګی اد یادګاری باب لس ځله په شریکه وائ. ړومبی شپږ ځله د بائیبل یا د ستوډنټ کاپئ نه لوستل لازمی دی.اخیری څلور ځله هغوی په یادوی وائ. د باب د دوباره

وئیلو نه مخکښې هر ځل د باب حواله ورکړئ او چه کله ختم شی نو بیا کینئ.

- د دِ عادات خپلولو سره تربیت حاصلولو ته مدد ورکوی او کوم یو ټولګی د مشق حصه کښې سبق ختم کړو.

مشق

- لیډران د ځاورو کسانو په ټولګو کښې تقسیم کړئ

اوس مونږه هم د هغې ښودنې عمل کوؤ کوم چه یسوع کړې اوو.لکه مونږه د دِ لیډرئ په سبق کښې څه زده کړل.

- لیډران په یویو عمل نه تیر کړئ،هغوي ته اووۀ،أتۀ منتِه د خبرو کولو دپاره ورکړئ چه لاندینی څیزونه اوګوری.

ترقی کول

د خپل ټولګی سره پرې بحث اوکړئ چه د عظیم او غټ لیډر اووۀ7 خوبیاني تا ته اساني دی.

مسائل

د خپل ټولګی سره پرې بحث اوکړئ چه د د وی لیډری به راتلونکو دیرش 30 کښې اوکړئ چه د دوی په وړاندې د یسوع خوندي لیډرئ کښې دوی ته مدد او لار ملاؤ شی.

- هر یو کس د خپل ملګری منصوبه یاده کړی چه روستو بیا د هغوی د پاره دعا او کړې شی.

مشق

په راتلونکو ديرش ورځو کښي چه کوم دمهارت مشق تاسو کوئ په خپل ټولګی د ليډرشپ زده کولو دپاره هغه او کړئ.

- هر يو دخپل ملګری مشق اوکورئ چه بيا د هغوی د پاره دعا اوغواړئ.
- هر سړی چه يو بل ته مهارت اوښودو ددي نه پس د هغوی مشق اوکړی.د ټؤلګی ملګری او دريګئ او د ياد ګيري بابونه په يو ځاي لس پيري اووايي.

دعا

د يو بل د منصوبو د پاره وخت اوباسئ،او په راتلونکو ديرش 30 ورځو کښي خپلي ليډرئ ته دترقی ورکولو د مهارت مشق او کړئ.

اختتام

چنلون.

- په خپله خوښه حصه اخستونکو ته اووايي چه خپل چنلون ښکاره او ليکی دا دټولګی قابليت ښائ، د شپږ 6 کسانو يو ټولګي په دائره کښي د کمري په مينځ کښي موجود دي د هغوی مدد او کړئ.

ما يو چنلون ټولګي جوړ کړي دي چه هغوی خپل مهارت اوښاي. راځئ چه په لاسونو پړقولو باندي دراتلونکو حوصله افزائ اوکړو.

- لوب غاړی راجمع کړئ او هغوی کښي یو لیډر مخي ته اودروئ نورو ته اووایي چه لیډر ته مخا مخ دوه قطارونه جوړ کړئ ړومبي زمونږ منلي شوي چنلون تیم په یونانی طریقه خپله لوبه کوی هغوی به ځنګه لوبه کوی چه د هغي اصول واورئ.

هر یو کس به د چنلون بال لیډر ته ګزاری، لیډر چه بال اونیسي هغه به بال بل لوب غاړی ته ګزار کړی، مونږ به هغه لوب غاړی جرمانه کړو چه د لیډر په ځاي لوب غاړو ته بال ګزاری. تیم ته اووایه چه په یونانی ډول د چنلون لوبي اوښائي.په دي ډول د چنلون لوبه کول د لوب غاړو بي طریقي او بي لاوي غوندي ښکاری.په توقه او خنده خنده کښي هغه خلق را اونیسئ چه کوم خلق د لیډر په ځاي بل کس ته بال ورګزاری.په هغه کسانو د جرماني اواز اوکړئ او پوهه یي کړئ چه د نورو خلقو په ځاي لیډر ته بال ورااوولی، چه د هغۀ وراني په ښه والی کښي بدل شی.

- چه هغوی په د طریقه د چنلون لوبه او کړی نو بیا به څه اوشی؟ په دِ اصولو لوبه کول ګرانه ده. لوب غاړی تنګ شی دا د خوشحالیدو او د مزاح طریقه نه ده. اوس لوب غاړو ته اووایي چه مستقل د چنلون دائره جوړه کړی او لیډر په مینځ کښي اودروی.

دا ځل به مونږ د چنلون ټولګی اووینو چه په عبرانئ ډول لوبه کوی، خو لیډر به هر څه په خپل لاس کښي ساتی.مونږ به هم به هغه مخکښي اصول استعماله وو. لوب غاړي به بال لیډر ته اوولی او بیا به یي هغه نورو لوب غاړو ته اوولی.

- تیم به دا پیره ډیره ښه کارکردګی ښائ، خو لیډر به د یو څو منټو نه پس د ستړوالی نښي او ښاي ، که لوب غاړی د لیډر نه سوا نورو ته بال اوولی نو په هغوی به هسي د مزاح په طور د جرماني غږ اوکړي شی.

که په داسي طريقه چنلون اوشی نو څه به او نه شی،(لیډر ډیر کار اوکړو او ستړي شو) لوب غاړو ډیر ورانی او غلطیاني او کړي د دي نه يي زړهٔ موړ شو. څنګه لوب غاړو روایتی چنلون دائره جوړه کړي ده چه په کښې سره د مشره نور سړی هم په دائره کښې وی.

- هغوی ته اووایي چه هره ځل لیډر ته بال مه اولئ هغوی ته اووایي چه څنګه به تاسو روزانه د چنلون لوبه کوئ هم هغسي اوکړئ. اوس به مونږ ته منلي شوي د چنلون ټیم په اصل کښې په عبرانئ طريقه د چنلون لوبي اوښايي.

راځئ چه د څه وخت د پاره لوبي او کړو،چه په د سمینار/ غونډه کښې هر کس د دِ نه مزه واخلی، او د دوی په لوبه باندي خبري اتري اوکړی. چه دوی په د طريقه د چناون لوبي اوکړی نو څه به اوشی؟

په دِ کښې ټول ټیم شامل شی او ټول ټیم برې اوومومی، هغوی په دې کښې څه نوې نوې لوبې اوکړی. د چنلون دریمه طریقه د خدمتګار لیډر ښهٔ مثال دیلیډر د هر یو کس مرسته کوی کوم چه په دِ کښې برخه اخلی. لیډر هر څه په خپل لاس کښې نه اخلی نورو ته ازادی ورکوی چه هغوی د خپل زړهٔ اومنی او هغسې او کړی.

- یسوع مونږ ته دغسې د مشرئ مثال راکړې دې.

لیډر ته اووایې چه په دعا سره دا سیشن ختم کړی.دې د ټولو دپاره دعا اوغواړی چه مونږ د یسوع غوندې مشری اوکړو، او په خپلو وړو ټولګو کښې د په هلو ځاو برې بیا مومو. مونږ.ه به چه د کوم مهارت په راتلونکو دیرش 30 ورځو کښې مشق کوو د هغې د پاره هم دعا او کړئ.

چنلون د هغې لوبې نوم دې چه کوم په خصوصی توګه په برما (میانمر) کښې کیږی.په دې کښې برخه اخستونکی یو بل ته د پښو په استعمال سره بال ورکوی.د دِ لوبې مقصد دا دې چه بال د ډیر ساعت د پاره په زمکه پرې نه اوځی. لوبغاړی د نورو خلقو د متاثره کولو د پاره ډیرې ښې ښې لتې بال ته ورکوی دبال اوچت او ځاې ته ویشتهٔ د کتونکو نه پوره داد اخلی.

په ایشیاء کښې و چنلون لوبه کیږی خو په هر ملک کښې د دِ خپل خپل نوم دې. دمقامی خلقو نه د دِ د نوم تپوس او کړئ. په کوم ځاې کښې چه تاسو ښودنه کوئ که په هغه ځاې کښې چنلون نه وی نو تاسو د دِ په ځاې بل بال استعالولې شئ. تاسو هم د دِ مقصد دپاره غباره/پوکنړئ استعمال کړئ.

4

ځان تکړه کړئ

تاسو چه کومو لیډرانو ته ښودنه ورکړه هغوی د ټولګو مشری کوی او دا زده کړه کوی چه د لیډرشپ د پاره څه پکار دی. هغوی د بهر نی روحانی سختو او ټولګو کښي د شخصیت په خپلو د مخالفت مخامختیا کوی.دا د ښۀ ایډرشپ کنجی ده چه د هر قسمه خلقو او د هغوی په خوښه ځان پوهه کړي شی ځان تکړه کړې یو ډیره ساده لاره ده که خلق پري ځان پوهه کړی. چه مونږ په دِ ځان پوهه کړو چه مونږ خداي پیدا کړی یو .او څنګه به هغۀ باندي پښه او کلکه عقیده اوساتو.

د شخصیت اتۀ 8 قسمه دی * فوجی * تلاش کونکي *حفاظت کونکي * محرِک * ځوی/لور * پادری *خادم * د خادمانو نګران د لیډرانو د شخصیت نه پس، زده کونکي د هر قسمه شخصیت خوبیانو او خامیانو باندي بحث اوکړئ. د ډیرو خلقو دا خیال دي چه الله پاک هغه خلقو سره مینه کوی،چه کوم کس په خپل ثقافت کښي منلي شيږ. د نورو دا خیال دي چه د لیډرشپ د قابلیت وجه شخصیت دي. دا محدود خیالونه رښتیا نه دی. په د ِ سیشن کښي په دِ خبره ډېر زیات زور ورکړي شوي دي چه لیډران د هر سړی سره ښۀ تعلق ساتی. د لیډرشپ په ښودنه کښي د دِ خبري خیال ساتل پکار دی.چه دوی دِ د هر سړی ضرورت ته اوګوری او نکی چه دټولو د پاره یو شانتي سوچ او ساتی.

تعریف

- دوه د عبادت سندري په یو ځاي اوواي،لیډر ته اووایي چه د دِ سیشن دپاره دعا اوغواړی.

ترقی کول

- لیډر ته اووایه چه هغه د یو ثبوت په طور دري منټه اوښاي چه الله پاک د هغوي د ټولګی نه څنګه راضی کیږی.په دِ ډول لیډر داسي کولو نه پس ټولګی ته اوواي چه د هغۀ دپاره دعا اوغواړی.
- د دِ پشان یو نمونه چه پکښي د وخت ښودنه کیږی،چه پکښي د یو مشر وده کول،مسائل،منصوبه،مشق،دعا د مشرئ ښودني نمونه استعمالیږی.

مسله

لیډران اکثر د خپلو منونکو نه د عمل او دهغي جواب طمع لری،خو دا غلطه ده الله پاک د خلقو رنګ په رنګ شخصیتونه پیدا کړی دی. د مختلفو شخصیتونو سره په یو ټیم کښي په ډیر ښۀ طریقه کار کول یو زده کړه.

یسوع یو ځوی دي او په خپل کور کښي مینه او یو والي غواړی.مختلف شخصیتونه مونږ ته مدد راکوی، چه نورو سره ډیره مینه او کړئ.

منصوبه

په دِ سبق کښي مونږ د شخصیت اتۀ 8 قسمونه او پیژندۀ. تاسو به دا زده کړئ چه الله پاک تاسو ته کوم قسم شخصیت درکړي وی.او مونږ د خلقو څنګه مدد کولي شو چه هغوی هم خپل

شخصيت او پيژنيږ. د هري يوي عقيدي والا سوچ مضبوط شی
چه هغۀ ته پته اولګی چه هغه الله پاک څنګه پيدا کړي دي.

جائزه:

پخير راغلي
ګرجا څوک جوړه وی
دا ولي ضروری ده
يسوع مسيح خپله ګرجا څنګه جوړه کړي وه
په الله پاک پوخ يقين ساته
تعليمات خوارۀ کړه. مريدان ساز کړه
تولګی او ګرجي شروع کړه.
ليډرانو ته ترقی ورکړه

1 کورينتهينز 11:1- زما پيروکار جوړ شئ،
څنګه چه زۀ د يسوع مسيح يم (سږيا ي‌ا نږيا)

د يسوع مسيح په شان تربيت ورکړئ.
بيسوع مسيح ليډرانو ته څنګه تربيت ورکړي؟
ترقی
مسائل
منصوبي
مشق
دعا

يو پيروکار په مرتبه د خپل استاد نه اوچت نه وی
خو که مکمل تربيت يافته وی A-ليوک 6:40نو
بيا د خپل استاد په شان وی.(ايچ سي ايس بی)

د يسوع مسيح په شان رهنمائ اوکړه
يسوع مسيح به چاته عظيم ليډر وائ؟
د عظيم ليډر اووۀ لوي خوبياني څه چه دی؟
عظيم ليډران د خلقو سره مينه کوی.
عظيم ليډران خپل مشن پيژنی

عظیم لیډران د خپلو مریدانو خدمت کوی
عظیم لیډران په مینه سره پوهه ول کوی
عظیم لیډران د ټولګو مسائل پیژنی
عظیم لیډران د پیروئ دپاره ښهٔ ښهٔ مثالونه ورکوی
عظیم لیډرانو ته پته وی چه هغه خوشحاله دي.

جان 13:14-15 –اوس زهٔ ستا ملک او استاد یم، ستاسو پښي مي اووینځلي، اوس تاسوله هم پکار دی چه د یو بل پښي اووینځئ، ما تاسو ته یو مثال پریښودو اوس تاسو له هم پکار دی چه زما په شان اوکړئ.

تاسو ته الله پاک کوم شخصیت درکړي دي؟

- لیډرانو ته اووایي چه په یو صفا کاغذ باندي یوه غټه دائره جوړه کړی.

دا کومه دائره چه ما جوړه کړي ده دِ کښي د ټولي دنیا نمائندګی ده.

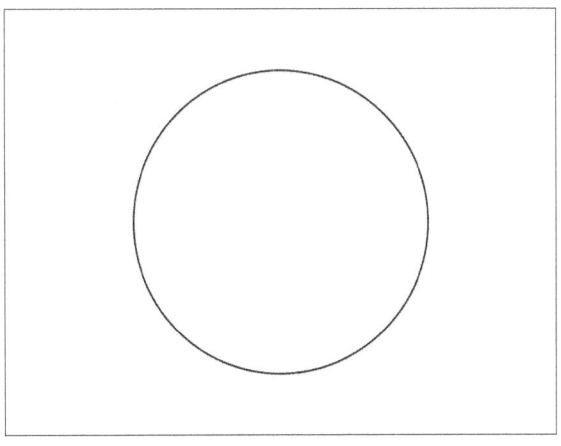

د ستېي د ليډرانو تربيت

- مضبو ط اود ريګئ ليډرانو ته اووايي چه دائره کښي په پرتو باندي يوه کرښه راکاږی چه دائره په نيمه تقسيم شی. ښي طرف د تعلق د پاره او ګس طرف د کار دپاره او تاکئ.

د دوهٔ کسو تولګي راځی، څوک کار خوښوی او څوک تعلق،الله پاک دواړه قسمه اولس پيدا کړي دي،يو د بل نه ښهٔ نه دي. الله پاک بس په د طرز اولس پيدا کړي دي.

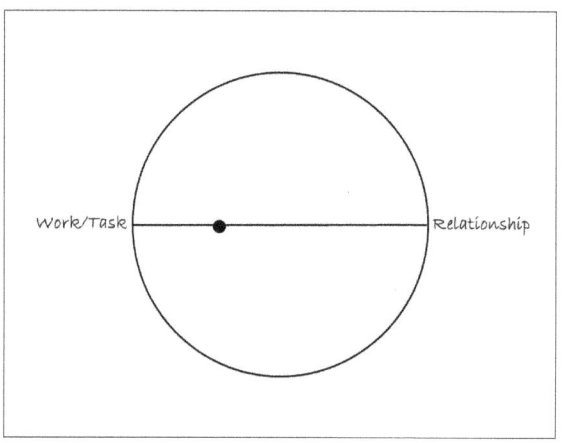

تاسو داسې يو ځاي خوښ کړئ چه تاسو دا ګنړي چه دا ستاسو د شخصيت عکاسی کوی. د کار خوښولو والا سړی ته د ګس طرف ته نزدي ځاي ورکړئ که يو سړي نيم کار او نيم تعلق خوښوی نو هغهٔ ته اووايي چه په مينځ باندي ځاي خوښ کړی. خو چه په يو اړخ وی يا په بل اړخ وی.

- د خپل ګاوندی سره په نتيجو باندی بحث اوکړي.او دا اوګوري چه ستاسو وني ستاسو د خيالاتو سره سمون خوری. د دپاره ۵ منټ واخلي.

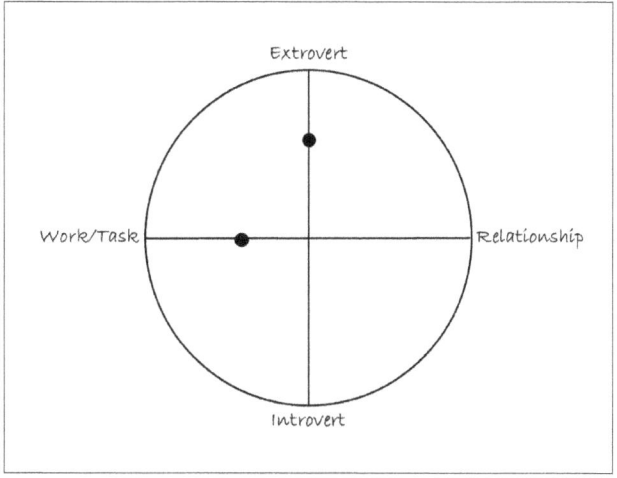

مشرانو ته اووایی چه په نیغو یوه کرخه راکاږی چه هغه دائره په څلورو یوشانتی کرخو کی تقسیم کړی. داوچتي کرښي په دائره کښي سوشل شخصیات اوښاییی او په لاندیني برخه د دایري په خپل ځان کي‌ډوب اولس اوښاییی. چری هم دا مه ښايي چه کوم شخصیات ښهٔ دی بل نه.

الله پاک بس په ډول خپل اولس پیدا کړی دی،په اوچت او نیغه کرخه باندی خپله خوښه اوښايي. چه کوم د ځان نه علاوه د نورو خلقو سره مینه کولو والا به اوچتی برخی ته نزدی وی.

- د خپل ځان فکر کولو والا به د د ائری لاندي برخی ته نزدي وي.که یو کس نیم د خپل ځان او نیم د نورو فکر لری.نوهغوی ته اووایيی چه په مینځنئ کرښه نښه اولګوی.خو یا د په یو اړخ وی یا په بل اړخ.
- خپله نتیجه خپل ګاوندی ته اووښاي چه هغه ستاسو سره اتفاق لری. د د ي دپاره دری منټه واخلی .
- اوس مشرانو ته اووايي چه دائره اته۸ یو شان برخو کي تقسیم کړی.

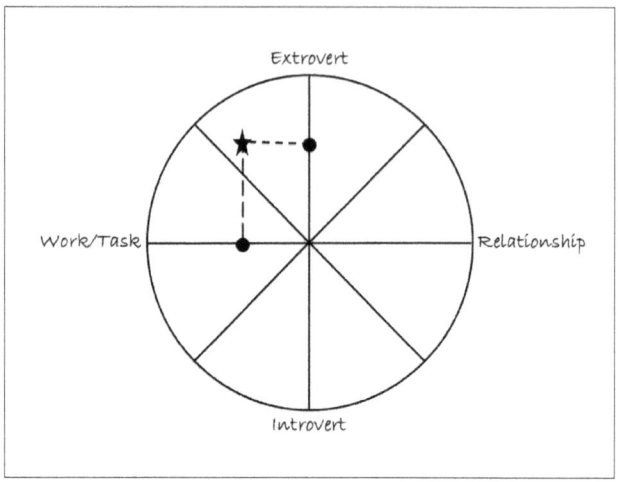

- لیډران به د نښنو په مدد سره دا اوښاي چه د هغه شخصیت په کومه برخه کي راځی. لاندینی شکل کښني د یو سړی پوره خاکه ښودلی ده چه هغه زده کړه کوی.
- د نخه۹ بجو نه تر لسو بجو پوری په ښي اړخ شروع شيّ او لاندینی اته۸ قسمه شخصیتونه بیان کړي.

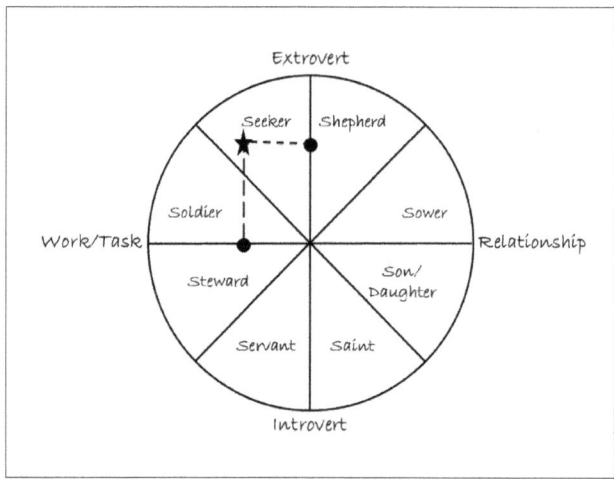

فوجی

- ، غټ کار،د د ننه نه بهر طرف ته
- مثبت ، کامیابي د پاره څه ضروری دی. پخه اراده اوکړی او ایمانداری اوښايي ،بیا چه څنګه رویه راواخلی
- منفی: په بی وسه او په نورو خلقو رعب اچولوسره میدان خو به اوګټی خو جنګ به بایلی.

غوښتونکی

- د تعلق نه لګ زیات د کار اړخ ته مخه کول
- مثبت- نوی درکونو لګول، رابطي والو ته ښه منتظم واي
- منفی- چه څوک خوشحالي لټوی هغه کیدي شی چه په یو کار باندی توبه او نه ویستلی شی.د هغۀ په خیال نوی څیزونه همیشه ښۀ وی.

ګډبه

- د کار نه د تعلق طرف ته زیات ورتګ
- مثبت: د خلقو روحانی حاجتونو ته کتل، د تولګو لیډری کول،او د اولس په جذباتی هلو زلو کښي دهغوی ته وده او حوصله ورکولو ته کتل.
- منفی:- ځان لوی ګنړل ،غټوالي ښودل او دموجوده غټو سره ملګرتیا او دهغوی مرسته کول.

کر کیلی والا

- د ځان نه وړاندي د اولس فکر کول،وړاندي تعلق،
- مثبت: په اولس کښي ښي خبري تلاش کول،هغوی ته ښودنه کول،او مخ په وړاندي زده کړه کول،
- منفی:جنګ جوړول،بي فائدي کوشش کول،د خپلي خوښي مضمونونو باندي هر وخت بحث کول.

لور يا ځوي:-

- مضبوط تعلق،لګ د بهر نه ځان اړخ ته،
- مثبت: په دِ کښي دا کتلي شي چه د نورو دپاره څه محسوسولي شي،دا د تېر برخه ده.په دِ کښي امن راوستي شي او د يو سړی د يو والی په مرسته باندي زور راوړي شی.
- منفی:- په دِ کښي خپل تېر ښۀ ګنړلي شی، دا د رشک (سوزيدو) او د خطري خبره ده

ولی/صوفی:

- ډير د ځان اړخ ته،لګ د کار په ځاي د تعلق اړخ ته
- مثبت:- په دِ کښي دا کتلي شي چه اولس د الله پاک سره تعلق جوړ کړی.د کميو نتي دا اخلاقی اواز دي چه روايتونه را تينګ کړی.
- منفی :- ستاسو نه صوفی کيدي شی،کوشش دا وی چه نور اولس ځان سره کړئ، بعضي وخت قانونی وی.

خدمتګار :-

- ډير ځان اړخ ته ،د تعلق نه زيات کار ته کتل.
- مثبت:دا کتل چه د اولس ظاهره ضرورتونه به څنګه تر سره شی.وفاداری،په ډېه هم کارونه په ښۀ طريقه کول.
- منفی:د نور اولس خيال ساتل خو خپل تېرشا ته کول،بدلون په رو رو منل،په غټه سطح څيزونه ته په کتلو کښي ګران ليدل.

نوکر:

- اوچت کار،ځان ته د بهر نه لګ زيات کتل،
- مثبت:-وسائل په ښۀ توګه منظم کول اوښياره او عملی طريقه ده.
- منفی:-کيديشی چه په مالداری کښي ښخ شی،يو والي ختميدل، کيدي شی چه د تنظيم حاجتونه د اولس د حاجتونو نه زيات شی،

خپل ملګری ته مثال ورکه او اوښایه چه ستا شخصیت د رقم غوندي دي

الله پاک د کوم قسمه شخصیت سره مینه کوی.

- لیډرانو ته اجازت ورکړئ چه په دِ خبره باندي بحث اوکړی.د هغوی جوابونه به تاسو ته دهغوی د ثقافت په باره کښي پوهه درکړی،هر یو ثقافت د یسوع یو یا دوه تصویرونه ډیر خوښه وی.

الله پاک هر قسمه شخصیت جوړ کړي دي او کله چه جوړول ختم کړل، هغهٔ اووئیل چه دا ښه ده چه دا ټول قسمونه د هغهٔ خوښ دی.

د شخصیت کوم قسم ښهٔ لیډر جوړه وی

- لیډرانو ته اووایي چه په دِ سوال خبري اوکړی.هر ځاي د یسوع دوه یا دري تصویرونه خوښیږی. لیډران به په دِ دوه یل دري قسمه سخصیتونو باندي تینګتیا اوکړی.مونږ د مشرقی او مغربی په ثقافت کښي ښکاره فرق اولیدو،کله چه ټولګي د خپلو خیالاتو اظهار او کړی نو په لاندینی سوچ باندي د دوی سره خبري اوکړئ.

ډیر خلق به په دِ خبره حیران شی چه دا ورته پته اولګی چه د شخصیت په اتهٔ 8 قسمونو کښي یو تاد لیډرئ جوګه کوی. لیډری په شخصیت نه ده زه تاسو د امریکي اتهٔ غټو ګرجو ته بوتلي شم چه په هغي کښي و پینځهٔ زره 5000 نه زیات خلق هره هفته راغوندیږی،د ډیرو خلقو دا خیال دي چه د دِ ګرجو مشری د ښو لیډرانو په لاس کښي ده. که تاسو لګ په نوره توګه سوچ اوکړئ نو د دِ لیډران نور مختلف شخصیتونه دی.هر یو دیسوع خپل تصویر سره مشری کوی. شخصیت ښهٔ مشر نه جوړه وی،ښهٔ مشر هغه دي چه په جمع کار

اوکړی او پکښي کامياب شی.يسوع د هر وخت غټ مشر دي
د هغهٔ منونکی جوړ شئ نو تاسو به هم غټ ليډران جوړ شئ.

ياد ګاری باب

رومنز 12:4-5
څنګه چه زمونږ يو باډی وی او د هغي ډير ممبران وی
او د هر يو ممبر يو شانتي کار نه وی دغه شان په يسوع
عقيده ساتلو والا مونږ ډير خلق يو مجلس جوړه وو او هر
يو ممبر زمونږ د هر يو سره تعلق ساتی.

- هر يو اودريګی اد يادګاری باب لس ځله په شريکه وائ. ړومبی شپږ ځله د بائيبل يا د ستوډنټ کاپئ نه لوستل لازمی دی.اخيری څلور ځله هغوی په يادوی وائ. د باب د دوباره وئيلو نه مخکښي هر ځل د باب حواله ورکړئ او چه کله ختم شی نو بيا کينئ.
- د دِ عادات خپلولو سره تربيت حاصلولو ته مدد ورکوی او کوم يو ټولګی د مشق حصه کښي سبق ختم کړو.

مشق

- ليډران د ځاورو کسانو په ټولګو کښي تقسيم کړئ. اوس مونږه هم د هغي ښودني عمل کوؤ کوم چه يسوع کړي اوو.لکه مونږه د دِ ليډرئ په سبق کښي څه زده کړل.
- ليډران د يويو عمل نه تير کړئ، هغوي ته اووهٔ يا أتهٔ منټه د خبرو کولو دپاره ورکړئ چه لاندينی ځيزونه اوګوری.

ترقی کول

د يو بل سره پري خبري اوکړئ چه په قسمه شخصيتونو کښي
تاسو کوم يو زيات خوښه وئ مثال ورکړئ.

مسائل

د یو بل سره پرې خبرې اوکړئ چه په قسمه شخصیتونو کښې تاسو کوم یو کم خوښه وئ مثال ورکړئ.

منصوبه

په راتلو نکی میاشت کښې په خپل ټولګی کښې د مختلف شخصیتونو ید ساده منصوبه باندې د یو بل سره خبرې اوکړئ.

- د یو بل منصوبې د ځان سره یادې ساتئ چه بیا روستو خپلو ملګرو له دعا ګانې اوکړئ.

مشق :

یو داسې کار باندې د یو بل سره خبرې اوکړئ چه په هغې په راتلونکې میاشت کښې په خپله علاقه کښې خپلې مشرئ ته وده ورکړې .

- هر یو د خپلو ملګرو دمشق څیزونه یاد اوساتئ چه بیا د هغوی دپاره دعا اوکړئ.
- چه هر یو کله د خپل مهارت خبرې یو بل سره واوره وی نو بیا دِ لیډران اودریږی او دا یاد ګاری باب دِ لس ځله په یو ځای اووایې.

دعا

د یو بل د منصوبو د دعا دپاره وخت او لګه وئ او د خپل لیډر د ترقئ دپاره چه زده کړه اوکړی او په راتلونکی دیرش ورځو کښې مشق کونکی د پاره وخت اوباسئ.

اختتام

د امريکي چيز برګر ☙

ليډرانه ته اووايي چه تاسو دا اوګنړئ چه تاسو په ريستوران کښي ناست يي.هغوي په دري څلورو تولګو کښي کړئ او هغوي ته تفصيل ورکړئ چه د هغوی تولګی ميزونه دی چه چرته هغوی خوراک کوی. هغوی ته اووايي چه تاسو په هوټل کښي نوکران يي او د ارډر اخستو دپاره ورځئ. خپل لاسونه په توليه اوچ کړئ. ړومبي ميز ته ورشئ او د هغۀ نه د خوراک تپوس اوکړئ. هيڅ خبره نه ده اووايه چه ما معاف کړه، مونږ د دغي حق نه بهر يو،زۀ به تاسو ته امريکن چيز برګر د دِ په ځاي درکړم.

- په څيزونو د چکر لګولو نه پس ډير خلقو د امريکن چيز برګر د پاره وينا او کړه چه هغوی ته پته اولګيده چه تا سره هم دغه دي.
- په دِ خاکه کښي عام د ليډرئ غلطئ بيانيږی، ليډران د طمع اوساتی چه هر يو دِ يو شان عمل اوکړی.خو الله پاک هر سړي د يو بل نه جدا پيدا کړي دي،

ښۀ ليډرانو ته پته وی چه مختلف شخصيتونه د خلقو سره به څنګه کار کوي. هغوی خلقو ته دا سبق ورکوی چه يوبل سره مرسته او د اختلاف اخترام اوکړئ په ليډرانو کښي يو ليډر ته اووايي چه دعا اوغواړی. او د الله پاک شکر ادا کړئ، چه مختلف خلق يي د مختلف طريقو سره پيدا کړي دي.

5

په یوالي کښې ترقی کول

مشرانو خپل شخصیتونه په اخرې سیشن کښې بیاموندل. یو والی کښې ترقی ده، دا ښاي د لیډرانو دشخصیت قسم څنګه د نورو سره تفا عل کوی. په دنیا د خلقو ولي اتۀ قسمه شخصیتونه دی. څوک واي چه د نوح په کستئ کښې اته 8 کسان اوو خو ځنی واي چه الله پاک شخصیتونه د پرکار په نقطو باندي لکه سویل،سویل نمر خاتۀ، وغیره جوړ کړۀ.مونږ په ساده توګه ددِ وجه بیانولي شو، دنیا کښې اتۀ 8 مختلف شخصیتونه دی ځکه چه الله پاک په خلقو کښې ځان پیدا کړي دیږ. که تاسو غواړئ چه خداي به څنګه ښکاری نو تاسو ته یسوع ته اوګورئ.دنیا کښې قسمه شخصیتونه د یسوع د اتۀ 8 تصویرونه د دنیا په ائینه کښې ښکاری،.یسوع د فوجی په رنګ دي چه هغه د خداي د فوج لیډر دي.

هغه د کتونکی په رنګ دي، هغه ورک شوی را پیدا کوی،او محفوظ کوی،هغه د یو ګډبه غوندي دي،خپلو غوښتونکو ته خوراکړاوبه او ارام ورکوی.یسوع د کرونده غوندي دي هغه زمونږ په ژوند د خداي لفظونه کری.هغه ځوی دي ،خداي هغۀ ته محبوب وئیلي دي او مونږ

ته يي د اوريدو حکم کړيدي،يسوع ليډر دي او مونږ ته ي وپيلى دى چه هغه مونږ د صوفى په توګه اوښايو.هغه يو خدمت ګار دي د خپل تابعدار،تر دي پوري چه مرګ ته پري اورسيدو. اخر کښي يسوع يو نوکر دي ډير پکښي وخت ،پيسه او خلق منظم کئ. هر ليډر د خلقو په يو ځاي د کار کولو کښي د امداد زمه اخستي ده.مخالفت ضرور په مختلف شخصيتونو کښي پيدا کيږى ،ځکه چه هغوى دنيا ته په خپل خپل نظر ګورى. خلق په دوه طريقو سره د مخالفت حل اوباسى يا تري ځان بچ کړى او يا د يو بل سره جنګ اوکړى.

دريمه طريقه دا ده مخالفت ته د اوکتي شى د خداي په روحانيت سره مل شى او د هر شخصيت احترام او کړي شى. دا سيشن د يوي ډرامي سره ختميږى په هغي کښي دا رښتيا په يوه مزاحيه طريقي سره ښودلي شى. ديسوع اتۀ تصويرونه د يو مشکل په مدد باندي چه نورو سره مينه په ښه طريقي سره چنګه کېدي شى. د يسوع د تولو منونکو دا کار دي.

تعريف

- دوه مذهبى سندري اووايي او ليډر ته خواست او کړئ چه د دِ سيشن د پاره دعا اوکړى.

ترقى کول

- د زده کړي يو بل مشر ته اوواي چه يو نمونه اوښاي (دري منته) چه څنګه خداي د هغۀ د ټولګى نه راضى دي. کله چه مشر خپله نمونه پيش کړى نوبيا تولګى ته اووايي چه د هغۀ دپاره دعا اوکړى.
- ددأ په ځاي يو بله نمونه چه پکښي د مشر سره په ترقئ، مسائل،منصوبي،مشق، دعا د مشرئ د زده کړي په نمونه کښي وخت لګول دى.

په يوالي کښي ترقی کول

مسله

په اخري سبق کښي مونږ د شخصيت اتۀ قسمه زده کړل.دِ
دِ نه مونږ په ټولګی کښي د مخالفت په باره کښي زده کړه
اوکړه.د مخالفت نه زيات په تېزئ سره بل څۀ مشن او خدمت
نه شي ادرولي. خلق يو بل ته ګرم او تراخۀ لفظونه بنائ او
د يو بل جذبات او زړونه زخمی کوی بيا مقصد په مزه مزه
حرکت کوی.

منصوبه

يسوع يو نمونه ده او هغۀ خپل منونکو ته نصيحت کړي دي
چه هغه د يو صوفی غوندي او مني. دنيا ته پته ده چه مونږ
عيسائيان يو او مونږ د مخالفت فيصله په شريکه څنګه کوو.دِ
دِ سېشن په منصوبه کښې دا ښودلي شوي ده چه مخالفت څنګه
پيدا کيږی او کله چه دا راشی نو څنګه به ي فيصله کؤؤ.

جائزه:

پخير راغلي
ګرجا څوک جوړه وی
دا ولي ضروري ده
يسوع مسيح خپله ګرجا څنګه جوړه کړي وه
په الله پاک پوخ يقين ساته ✋
تعليمات خوارۀ کړه. مريدان ساز کړه ✋
ټولګی او ګرجي شروع کړه. ✋
ليډرانو ته ترقی ورکړه ✋

1 کورينتهينز 11:1- زما پيروکار جوړ شئ،
څنګه چه زۀ د يسوع مسيح يم (اين اي ايس)

د يسوع مسيح په شان تربيت ورکړئ.

بيسوع مسيح ليډرانو ته څنګه تربيت ورکړي؟

- ترقی
- مسائل
- منصوبي
- مشق
- دعا

يو پيروکار په مرتبه د خپل استاد نه اوچت نه وی خو که مکمل تربيت يافته وی A-ليوک 6:40نو بيا د خپل استاد په شان وی.(ايچ سي ايس بی)

د يسوع مسيح په شان رهنمائ اوکړه

- يسوع مسيح به چاته عظيم ليير وائ؟

د عظيم ليډر اووۀ لوي خوبياني څه چه دی؟

- عظيم ليډران د خلقو سره مينه کوی.
- عظيم ليډران خپل مشن پيژنی
- عظيم ليډران د خپلو مريدانو خدمت کوی
- عظيم ليډران په مينه سره پوهه ول کوی
- عظيم ليډران د ټولګو مسائل پيژنی
- عظيم ليډران د پيروئ دپاره ښۀ ښۀ مثالونه ورکوی
- عظيم ليډرانو ته پته وی چه هغه خوشحاله دي.

جان 13:14-15 –اوس زۀ ستاسو ملک او استاذ يم، ستاسو پښي مي اووينځلي، اوس تاسوله هم پکار دی چه د يو بل پښي اووينځئ، ما تاسو ته يو مثال پريښودو اوس تاسو له هم پکار دی چه زما په شان اوکړئ. :

ځان تکړه کړئ

تاسو ته الله پاک کوم شخصيت درکړي دي؟

- فوجی ،
- کتونکي ،

ګډبه ،
کرونده ګړي،
ځوی یا لور،
صوفی،
خدمت ګار،
نوکر.
خداي کوم قسم شخصیت ډېر خوښه وی ؟
کوم قسم شخصیت ښهٔ لیډر جوړه وی؟

رومنز 12:4-5 څنګه چه زمونږ یوه باډی وی او د هغي ډیر ممبران وی او د هر یو ممبر یو شانتي کار نه وی دهر چا کار مختلف وی.بس په یسوع کښ مونږ مختلف شکلونه په یو بدن کښي یو او هر یو د نوروسره کلک او پوخ تعلق ساتی.

په دنیا کښي اتهٔ قسمه خلق ولي دی؟

جینسز 1:26
بیا خداي اوئیل ، راځئ چه انسان جوړ کړو د خپل ځان غوندي.

کلوزینز 1:15
هغه د خداي نه لیدونکي شکل دي، د ټول مخلق نه اول پیدا شوي اوو.

انسان د خداي غوندي پیدا کړي شوي دي، که تاسو د نه لیدونکي خداي شکل لیدل غواړئ نو یسوع ته اوګورئ.په انجیل کښي د یسوع اتهٔ 8 تصویرونه دی د هغي په مرسته سره مونږ ته پته اولګیده چه یسوع څنګه اوو.

یسوع څه رنګه اوو؟

فوجی:

میتهیو 26:53
یا تاسو نه ته ده چه ځۀ خپل پلار ته اواز نه شم کولي.
اوهغه به زما دپاره دفرشتو یو لوي فوج رااولیګی.(ایچ سی ایس بی)

فوجی
توره را اوباسه

تلاش کونکي/لټونکي

لوک 19:10
د انسان ځوی د ورک شوؤ د تلاش کولو او دحفاظت کولو دپاره راالیږلي شویدی.(این اي ایس)

تلاش کونکي/لټونکي
د سترګو نه بره لاس سره مخکښي روستو اوګوره.

ګډبه:

جوهن:10:11
زۀ ډیر ښه ګډبه یم او ښۀ ګډبه د ګډو دپاره خپل ژوندوقف کړي.

ګډبه:
خپل ځان اړخ ته لاسونه راتاؤ کړه لکه چه خلق رابلي.

کرونده:

میتهیو 13:37
او هغۀ اووي،چه د انان ځوی ښۀ تخم کری.

کرونده
په لاسونو سره تخم اوشینده.

ځوی یا لور

لوک9:35
د وریځو نه اواز راغي او وي وئیل چه دا زما ځوی دي، دي ما اوکتو د دَ واورئ.

ځوی:
خپلي خولي ته لاسونه وړاندي کړئ لکه چه خوراک کوئ.

صوفی/پادری

مارک8:31
هغۀ بیا هغوي ته سبق ښودل شروع کړل چه دانسان ځوی وی نو خا مخا به سختي وینی او مشران به يي نه مني. مشر پادری او دقانون استاذان به يي نه منی. او هغه به خامخا وژلي شی.

او دهغي نه پس به دري ورخو کبني اوچتولي شی.

صوفی
خپل لاسونه په کلاسیکی انداز کبني اوچت کړئ ځنګه چه د دعا دپاره لاسونه اوچتولي شی.

خدمت ګار

جوهن 13:14:15
اوس زۀ ستاسو او استاذ يم، ستاسو پښي مي اووينځلي، اوس تاسوله هم پکار دی چه د يو بل پښي اووينځئ، ما تاسو ته يو مثال پريښودو اوس تاسو له هم پکار دی چه زما په شان اوکړئ. :

خدمتګار
ښۀ په زوره ستک اووهه.

نوکر

لوک6:38
تاسو ورکړئ تاسو ته به درکړي شی.يو ښه ناپ کول ،زور کول، په جمع خوزول،او په منډه. د تلو والا به ستا غيږه کښي غورزيږی. چه ناپ کول ته استعمالوي، دغه به ستا رپاره ناپ کيږی.

نوکر
د قميص د جيب نه يا د بټوي نه پيسي واخله

چه کله مخالفت پيدا شی نو مونږ سده کومي دري خوښي دي؟

تيښته کول(د انسان جواب)

د مختلفو شخصيتونو خيال او دکار مختلفه طريقه وی.په دائره هر يو محنت کوی د يو بل سره مخامخ کيږی.دوييو بل پيژنی. مثال په طور کرونده ګړي غواړی چه پيسي اولګی او په وخت دِ خلق ترقی اووينی، خو نوکر غواړی چه پيسي او وخت دواړه بچ شی او کار روان وی.

ښهٔ فیصلي ته د واړو ضرورت وی. یو ته په بلترجیح ورکولو سره مسابقت پیدا کیږی او ډیري کمزوري فیصله او خیال مخي ته راشی.د ډیړ اولس دپاره دا ګرانه وی چه مخالفت ختم کړی او د دواړو پارټو خبره یو بل ته نه رسی.

د نوري جهګړي او نفرت په وجه مونږ د یو بل نه لري اوسیږو.زمونږ منشور د خفګان او پیښمانتیا په ځاي ښهٔ وی.

په دِ موقع کښې اوس تپوس پوښتنه کوئ تښتئِ او د یو بل نه پټیږئ.

موټې یو خاي کړې دیو بل نه یي لري کړې اوخپلي شاته یي یو سئ.

دیو بل سره جهګړه کول(دانسان جواب)

کله چه خلق د جنګ نه مخ نه اړوي خو دبل سره کهلاؤ مخالفت ساتی.مونږ خطا شو یا غاط فهمی راته اوشی. او غواړو چه بل سړي د دأ دپاره سخته تیره وی.مونږ د الفاظو جنګ،د رویو جنګ، یا سوکانو جنګ کوؤ. د جنګ څه نه څه نتیجه اوزی.

مثال دادي چه یو کتونکي غواړی چه نوي تجربه او موقع دِ وی. نو صوفی غواړی چه د هغه ټولګي په کلک او مظبوط بنیادونو باندي ویږ دیسوع په مجلس کښې د دي دواړو ضرورت دي. دوه ټولګی چه په نوی او زړو دواړو باندي مشتمل وی نو دا د خطري ډکه ده.

دعبادت طریقه خاص طور باندي د دِ مسلي سره سمي خوری. ټولګی د خپلي طریقي نه ګیر چاپیره راتاؤه وئ،او نور ټولګو ته چه د دوی نه مختلف وی،ښهٔ نه ګوری.لفغونه،رویي،او عملونه چه کله د یوبل مخالف شی نو یو والي تباه شی.

په د حالت کښې مونږ بحث کوو او د یو بل سره جهګړه کوؤ

- موتی يو ځاي کړئ او يو ځاي يي او ښايي.

په يو ځاي د کار کولو دپاره د خداي په روحانيت سره لاره را اوباسئ.(روحانی جواب)

روح القدوس،دريم جواب ته لار ښايې که مونږ په خپله کوؤ يا تښتو، چه کله جهګړه وی مونږ د روح نه غوښتي شو او په هغۀ انحصار کولي شو چه مونږ رايو ځاي کړی.زمونږ دا خيال دي چه دمسلي حل د يسوع د پوره مجلس نه راوا خستي شی نو ښۀ به وی.په دريم جواب کښي رابطه ده،يقين، مينه د هر څه نه وړاندي دی.

د مثال په توګه يو فوجی غواړی چه ګرجا د په باقاعدګئ سره د خداي د مشن سره کار کوی.څوی يا لور بل اړخ ته غواړی چه ګرجا د تېر دپاره يو ارام ده ځاي جوړ شی. فوجی د خپل کار سره کار ساتی،ځوی يا لور د خپل تعلق سره کار ساتی، چه دا په روح کښي يو ځاي شی نو بيا دوی يو مشن شروع کړی.او دِ په دِ قدر او کړی چه کله هر يو خپل ځان د ټيم ممبر ګڼړی.مونږ کار کوؤ،کار کوؤ خو مونږ لوبي کوؤ ،لوبي کوؤړ لوبيکوؤ.

په حالت کښي مونږ لار راوباسو ، چه ديسوع په مجلسکښيراغونډ شو.

- او د هغۀ دسلطنت د پاره کار اوکړو.چه د يسوع په مجلس کښي راغونډ شو،او دهغۀ د سلطنت دپاره ار اوکړو.

ياد ګاري باب

ګليتينز2:20-

زه په عسائيت خپل ځان ورکوم اودا ډيره لري نه چه زۀ ژوندي پاتي شمخوعسئيت به هميشه په ما کښي ژوندي وی.(اين اي ايس)

- هر يو اودريګی اد يادګاری باب لس ځله په شريکه وائ. ړومبی شپږ ځله د بائيبل يا د سټوډنټ کاپئ نه لوستل لازمی دی.اخيری څلور ځله هغوی په يادوی وائ. د باب د دوباره وئيلو نه مخکښې هر ځل د باب حواله ورکړئ او چه کله ختم شی نو بيا کينئ.
- د دِ عادات خپلولو سره تربيت حاصلولو ته مدد ورکوی او کوم يو ټولګی د مشق حصه کښې سبق ختم کړو.

مشق

د ډرامي مقابله

- ليډران داتۀ اتۀ کسانو په ټولګو تقسيم کړئ، ليډرانو ته اووايي چه تاسو به د يوي ډرامي دپاره بندوبست اوکړئ او ګټونکو ته به انعامونه ورکړئ. ړومبي انعام به هغه ټيم ورته ورکړئ چه چا د ژوند رښتيا په مزاحيه انداز کښې ښودنه کړي ده.
- هر يو ممبر به ديسوع يو تصوير اوچت کړی. مشران به د خپل شخصيت نه علاوه يو يو تصوير واخلی.مثال په طور د يو شخصييت د فوجی دي هغوی به ديسوع د فوجی نه بيرته بل تصوير واخلی، او ډرامه کښې به کردار ادا کړی.
- دوی چه کوم کردار کوی نو هغه به د يو غونډي په شکل کښې وی چه په ګاونډی صوبه کښې د نوي ګرجي شروع کولو په باره کښې به وی.په ډرامه کښې برخه اخستونکی به د يو بل سره په ښکاره د مخالفت کوی په باطنی طور به دا سي نه کوی.
- د دوي سره پينځۀ منټه وی د دِ د ادا کولو دپاره به په دوی ټينګټيا کوی چه کوم کردار دوی کوی چه کټونکو ته په ښۀ طريقه واضحه وی. چه دوی په ډرامه کوم کوم کردار کوی.
- ليډرانو ته کم از کم شل منټه وخت ورکړئ چه دوی د خپلي ډرامي مشق اوکړي.
- مقابله شروع کړئ. د ټولګی په ادا کولو يو چکر او لګه وئ. چه د ليډرانو د ادکارئ اندازه اولګی چه هغوی چه کردار کوی. هغه ټولګی ته ښۀ شاباسي ورکړئ چه کوم ټولګي د

ژوند په ربښتيا تصوير ښايي. دانعام خيال : د صحيفو پيکټ، د عبادت سي ډي،کينډې وغيره.

- د ټولګو د ډرامي د کولو نه پس د هر ټولګی نه د يو څو ښهٔ فنکارانو يو نوي ټولګي جوړ کړئ.او په هغوي بيا يو يو کردار د ډرامي اوکړئ.

يو عام سوال

ديسوع په اتهٔ تصويرونو او روحانی ډالو کښي څه فرق دي؟

خداي خلق په خپل شکل کښي پيدا کړي دي او که څوک د خداي ناليدلي صورت ليدل غواړی نو په انجيل کښي ليکلي دی چه يسوع د اووينی.اتهٔ تصويرونه د خلقو د مضبوطي دپاره دی او دا رشتيا ده د دواړو دپاره که څوک منی يا نه منی. اتهٔ تصويرونه د خلقو د مسلو د حل دپاره دپاره او روحانی ترقئ د پاره ډالئ ښودلي شوی دی.يو نه منونکي څنګه يو روحانی ډالئ اخستي شی.

او څنګه هغه دا مونډي شی چه هغه په خداي يقين هم نه ساتی. اتهٔ تصويرونه د ګلونو په رنګ دی چچه دا يو روحانی ډالئ ده دا ورکولي شی او دا خوشبو پريږدی. يو ګډبه د صله رحمئ ډالئ لره عزت ورکوی او روحانی خوښه هم. مونږه اوکتل چه څه روحانی ډالئ د يسوع د تصويرونه نه چاپيره دی او د خدمتګار تصوير اکثر سره سره وی.

6

تعليمات/ اسمانی صحيفي خورول.

د خلقو څنگه عقيده ده چه هغوی د تعليماتو باره کښي نه دی اوريدلی؟ د بد قسمتئ نه ديسوع منونکی هر وخت په تعلياتو باندي يو بل سره بحث نه کوی.خو خلق عقيده ساتی . ددي يوه وجه داده چه څنگه ديو بل سره په تعليماتو خبري اوکړی نو دوئ په دِ نه پوهيږی. بله وجه داده چه دنيا مشغول شی او تعليمات تر هير شی. په تعليماتو خبري اتري په سبق کښي مشرانو ته دا ښودلي شی چه د تعليماتو تعويز جوړ کړي شی او دوستانو ته ورکړي شی داتعويز به مونږ ته ياد گيرنه را کوی چه د تعليماتو باره کښي خلقو ته څنگه پته لگی او خداي ته څنگه رسی.

د تعليماتو تعويز دا خبره کوی چه څنگه مونږ د خداي خاندان پريښي دي.په شرو ع کښي خداي د سرو يوه دانه وه روخ القدوس يوه مکمله دنيا چه په کښی اسمانونه او سيندونه په اودی رنگ کښي جوړ کړل. هغۀ انسان پيدا کړو او په ښاصسته چمن کښي يي واچولو. ړومبی سړی او ښځي د خداي نافرمانی اوکړه او دنيا ته يي گناه او تکليفونه

راوړل. او دا توروالي دي،خداي یسوع دنیا ته راولیږلو او هغهٔ یو صفا او مکمل ژوند تیر کړو، او دا سپین رنګ دي.هغهٔ زمونږ د پاره ځان مړ کړو، او دا سور رنګ دي. د تعلیماتو تعویز مونږ ته د خداي اړخ ته د واپس تلو طریقه ښایي.

خداي فرمائیلی دی چه څوک دا عقیده لری چه یسوع د دوی دپاره د بدلي په مرګ مړدي، سور رنګ یي ښودلي دي او یسوع خداي رالیږلي دي په سپین رنګ سره د دوی ګناهونه صفا شو د تور رنګ، عداي مونګ واپس خپل خاندان ته بوځی او مونږ د یسوع په شان ترقی کوو،په شین رنګ سره. خداي مونږ ته خپل مقدس روحانی اودی رنګ راکوی.

او هغه زمونږ سره وعده کوی چه د مرګ نه پس به مونږ د هغهٔ سره یو چه په هغي کښي د سرو کوڅي د سرو په رنګ مونږ ته ښايي.سبق په دي ختمیږی چه خداي ته دتلو یسوع یوه لاره ده.څوک هم دومره پوهه، ښهٔ،مضبوط یا د میني والا نه شته چه په خپله خداي ته اورسی. د یسوع لار یو لاره ده چه خداي ته په سړي رسی. یسوع منل یو داسي رښتیا دی چه خلق پري د ګناهونو نه خلاصیږی. بس یسوع دایيمی ژوند ورکولي شی ځکه چه د بدل په مرګ ژوندي وو.

تعریف

- دوه د عبادت سندري اووایي.لیډر ته اووایي چه د دِ سیشن دپاره دعا اوغواړی.

ترقی

- په زده کړه کښي بل مشر ته اووایي چه یوه وړه نمونه پیش کړی.(دري منټه د پاره) چه د هغهٔ په ټولګی به خداي څنګه مهربانه شی. چه کله لیډر نمونه وړاندي کړی نو ټولګی ته اووایي چه د هغوی د پاره دعا اوکړی.

مسله

ډير منونکی کوشش کوی چه تعليمات زده کړی د يو بل نه هغوی پښتنه کوی چه څوک شته چه په تعليماتو باندي خبري اوکړو؟ ماته څه وئيل پکار دی؟منونکی اکثر په مشغولتيا کښي دا خبره هيره کړی چه خداي دبل سړيپه ژوند کښي ربښتيا راوړی.

منصوبه

په د سبق کښي به مونږه په ساده ډول په صحيفو خبري کوو، مشق به کوو،او د صحيفو نه به تعويز جوړه وو. دابيا به مونږ. ته ياد وی چه صحيفي ضروری دی او بحث پري کول غواړی.

جائزه:

پخير راغلي

ګرجا څوک جوړه وی
دا ولي ضروری ده
يسوع مسيح خپله ګرجا څنګه جوړه کړي وه

په الله پاک پوخ يقين ساته
تعليمات خوارۀ کړه. مريدان ساز کړه
ټولګی او ګرجي شروع کړه.
ليډرانو ته ترقی ورکړه*

1 کورينتهينز 11:1- زما پيروکار جوړ شئ، څنګه چه زۀ د يسوع مسيح يم (اين اي ايس)

د يسوع مسيح په شان تربيت ورکړئ.

بيسوع مسيح ليډرانو ته څنګه تربيت ورکړي؟

- ترقی
- مسائل
- منصوبې
- مشق
- دعا

يو پيروکار په مرتبه د خپل استاد نه اوچت نه وی خو که مکمل تربيت يافته وی A-ليوک 6:40 نو بيا د خپل استاد په شان وی.(ايچ سي ايس بی)

د يسوع مسيح په شان رهنمائ اوکړه

يسوع مسيح به چاته عظيم لييړ وائ؟

د عظيم ليډر اووۀ لوي خوبياني څه چه دی؟

- عظيم ليډران د خلقو سره مينه کوی.
- عظيم ليډران خپل مشن پيژنی
- عظيم ليډران د خپلو مريدانو خدمت کوی
- عظيم ليډران په مينه سره پوهه ول کوی
- عظيم ليډران د تولګو مسائل پيژنی
- عظيم ليډران د پيروئ دپاره ښۀ ښۀ مثالونه ورکوی
- عظيم ليډرانو ته پته وی چه هغه خوشحاله دي.

جان 13:14-15 –اوس زۀ ستا ملک او استاد يم، ستاسو پښې مي اووينځلي، اوس تاسوله هم پکار دی چه د يو بل پښې اووينځئ، ما تاسو ته يو مثال پريښودو اوس تاسو له هم پکار دی چه زما په شان اوکړئ.

ځان تکړه کړئ

تاسو ته الله پاک کوم شخصیت درکړي دي؟

فوجی ،

کتونکي ،

ګډبه ،

کرونده ګړي،

څوی یا لور،

صوفی،

خدمت ګار،

نوکر.

خداي کوم قسم شخصیت ډېر خوښه وی ؟

کوم قسم شخصیت ښهٔ لیډر جوړه وی؟

رومنز 12:4-5 څنګه چه زمونږ یوه باډی وی او د هغي ډیر ممبران وی او د هر یو ممبر یو شانتي کار نه وی دهر چا کار مختلف وی.بس په یسوع کښ مونږ مختلف شکلونه په یو بدن کښي یو او هر یو د نوروسره کلک او پوخ تعلق ساتی.

مضبوط اتحاد:

په دنیا ولي اته قسمه خلق دی؟

یسوع مسیح ته څه خوښ دی؟

سپاهی

تلاش کونکي

حفاظت کونکي

کرونده

څوی/لور

پادری

خادم

د خادمانو نګران

مونږ کومي دري خوښي استعالولي شو چه کله چه اختلاف پیدا شی؟

تیښته

یو بل جنګ

خدائ جذ به تلاش کول او یو ځاي کار کول

ګلیتیېنز 2:20- زه په عسائیت خپل ځان ورکوم اودا ډیره لري نه چه زهٔ ژوندي پاتي شمخوعسئیت به همیشه په ما کښي ژوندي وی.(این اي ایس)

زهٔ ساده تعلیم ښنګه خورولي شم؟

لوک 7-1:24
د هفتي په ړومبئ ورځ سخر وختی .ښځو مزیدار خوراک تیار کړي وو،او مقبري طرف ته لاړي.هغوید قبر نه خوئیدلي یوکاڼړی/تګه اولیده خو چه کله هغوی دننه شوي ،نو هغوی ته د اقا یسوع جسم مبارک ملاؤ نه شو.په د خبره هغوی ډیري حیراني شولي ، چه اچانک په کپړو کښ ملبوس د مدهم رنړا په شان د هغوی په کښي او دریدل،هغه ښځو د یري خپل مخونه زمکي طرف ته ښکته کړل،خو سړو هغوی ته اووئیل. ولي تاسو یوژوندي کس په مړو کښ ګورئ؟ هغه دلته نه شته، هغه اوچت کړي شوي دي .یاد ساتئ هغهٔ تاسو ته څه ئیلی وو چه هغوی تاسو سره اوس هم په ګیلیلی کښي دي.د انسان بچي د ګناهونو په لاس کښي ضرور ورکړي شوي دي.قربانئ ورکړئ،او په قیامت به بیا تاسو پاسولي شی.

- د مقدس صحیفو په اوچت اواز د لوستو نه پس،لاندینی مواد هر حصه اخستونکی ته ورکړئ.

1. سرو رنګي، اودی، شین، تور، سپین، او سري رنګي تسفي.
2. د ځرمني یا د تار دولس 21 انچه اوږد واخلئ.

- اوښایي چه ښنګه به تعلیماتی دستبندي جوړه وئ.د شروع کولو په وخت تارله مینځ کښي غوټه ورکړئ،چه تسفي پري تینګي شی.هره دانه دستبندی کښي اوپیلئ، ښنګه چه تاسو ته ښودلی شوی دی.

سرو رنګي تسفي

،،په اوله کښي صرف خداي وو،،.

اودی تسفي:

بيا د الله ذات په دنيا کښي هر څېز سره د سمندرونو،او اسمانونو پيدا کړل.

شين رنګي تسفي:

خداي ښکلی باغونه جوړ کړل، انسان يي پيدا کړو،او بيا يي د الله په خاندان کښي شامل کړو.

توري تسفي:

افسوس،انسان د خداي نافرمانی اوکړه او ګناه يي اوکړه او دنيا ته راغلو. د خپلي سرکشۍ په سبب انسان د جنت او د خدلي د خاندان نه بهر شو.

سپيني تسفي

خداي هغه وخت پوري د انسان سره ډيره مينه اوکړه ځکه يي دنيا ته خپل ځوي يسوع را اوليږو، يسوع يو خاص ژوند تيېر کړو او په څه کښي و الله تابعداری اوکړه.

سري تسفي

يسوع زمونږ د ګناهونو په بدله کښي وفات شو او په قبر کښي ښخ کړي شو.

- په د ځاي کښي،ليډر د تعليماتی دستبندی ته تسفي نه اچوی،خو يوه غوټه د ورکړئ چه تسفي په يو ځاي ټينګي شی.بله حصه شروع کړئ دسرو تسفو او تر هغي کار کوئ تر سو چه سرو رنګي تسفي نه وی ختمي.

سري تسفي

خداي يسوع اوليدو،زمونږ د ګناهونو نه قربان شو او قبول کړي شو. هغۀ يسوع دوباره د قبر نه دري ورځي پس پاسوؤ چه دنيا ته اوښايي چه يسوع الله ته د واپسئ واحد ذريعه ده.

سپيني تسفي

هر هغه چوک چه واي چه يسوع د خداي ځوی دياو هغۀ د هغوی د ګناهونو په ځاي خپل ځان ورکړي دي.

توري تسفي

او هغه څوک چه په خپل ګناهونو شرمنده وی ،يسوع ته د مدد دپاره اواز کوی.

شين رنګي تسفي

خداي هغوی معاف کوی او په خپل خاندان کښي ورته په واپسئ هر کلي واي. دوی به په ډومبی جنت کښي وی.

اودی رنګي تسفي

خداي خپل روح په هغوی کښي اچوی او يو نوی کس پيدا کوی،بلکل د ډومبئ دنيا په شان پيدا کوی.

یسوع دوی خوښه وی

د سرو رنګي تسبیح/سنهری موتی اخر، هغه ټول خلق چه په یسوع مسیح ایمان لری،د الله پاک سره به دهمیشه دپاره اوسیږی او دهغوی د نورو عقیدت مندو سره په پاک او خالص ښار کښي اوسیږی.

زهٔ دا دست بند خوښه اووم ځکه چه دا ماته را یاده وی چه زهٔ کوم ځاي یم او چرته روان یم. د یسوع مسیح د تعلیماتو د ا کالي ماته دا رایاده وی چه څنګه الله پاک زما ګناهونه معاف کړل او زما ژوندي بدل کړو.

ایا تاسو د الله پاک خاندان ته واپس راتلل غواړئ؟راځئ چه پاسو او دعا اوغواړو اوالله پاک ته اوښایو چه زمونږ په تا یقین دي تا مکمله دنیا پیدا کړي ده او د خلقو د ګناهونو د معافئ د پاره يئ خپل ځوي د مرګ دپاره رااولیږلو.په خپلو ګناهونو شرمنده شئ او د الله پاک نه معافی اوغواړئ چه بیا الله پاک تاسو د هغه په خاندان کښي شامل کړی.

- دلګ وخت د پاره انتظار اوکړئ چه دا یقین راشی چه په تربیت کښي ټول لییران یقینی عقیدت مند دی . د دست بندی تعلماتو د وضاحت نه روستو تپوس اوکړئ چه څوک څوک د الله خاندان ته د واپس تلو ته تیار دي.

مونږ ته دیسوع مسیح د مدد ضرورت ولي دي؟

1. هیڅ یو کس هم دومره ښکلي نه دي چه الله پاک ته واپس شی.

عیسائیه 55:9 –
څنګه دا معلومه ده چه جنتونه د زمکي نه ډیر بره دی.
دغه شان زما لاري ستاسو د لارو نه ډیري بره دی، او
زما سوچ ستاسو د سوچ نه .

ځنی خلق دا خیال کوی چه د الله د مندولو دپاره ډیري لاري دي. او هغوی د دِ خبري د وضاحت د پاره غټي غټي نظر ېي پیش کوی چه څنګه یسوع مسیح الله پاک ته د واپسئ لاره نه شی کیدي. الله پاک فرمای چه د خلقو خیالات ډیر واړهٔ دی.کله چه الله پاک فرمای چه یسوع مسیح ځان له یوه لاره ده د رښتیا،او د ژوند، نو بیا په تاسو کښي چوک داسي دي چه په هغه ایمان راوړی.

چوک هم دومره پاکیزه نه دي.
د خپلو دواړو لاسو د شهادت ګوتي د خپل سر دواړو طرف ته کیږدئاو سر او خوزه وئ ؛نا؛

2. څوک هم دومره څه نه ورکولي چه الله پاک ته واپس شی.

عیسائیه:64:6
مونږ ټول په ګناهونو کښي لت پت یومونږ خپلي نیکي کارنامي ښائیو مګر هغه د یو ګنده او نپاکه کپړي په شان دي.د خزان د پاڼړو په شان مونږه مړاوی کیږو ،کمزوري کیږو او بیا غورزیږو،او زمنږ ګناهونه مونږه د هوا په شان لري اوړی.(این ایل ټی)

د بعضي خلقو دا خیال دي چه غریبانانو ته دولت ورکولو سره دهمیش دپاره سړي ژوندي وي.هغه خیال کوي چه هغه نیک کارونه ایدو سره الله پاک هغه جنت داخله وی.زمونږ د ټولو نه ښه عملونه اګر چه د ګنده کپړي په شان دی د الله پاک په نزد.هغه خپل یک یو ځوئ زمونږ دپاره رالیګلي دي کاه چه یسوع مسیح زمونږ د ګناهونو په وجه الله پاک واخستو الله پاک زمونږ د بچ کولو دپاره صرف زمونږ دا نیک عمل قبول کړو.

څوک هم دومره څه نه شی ورکولي.
داسي اوښائي چه تاسو د قمیص د جیب نه ډیري پیسي واخلو او خپل سر اوخوزَوئ چه ،،نا،،

3. څوک هم دومره زوره ور نه نه شته چه الله پاک ته واپس شی.

رومنز 7:18-
څومره چه ماته معلمه ده چه ما کښي هيڅ يو شي ښه نه شته که هغه زما بدن دي يا روح.د دي مقصد حاصلولو دپاره زما ارزو ده چه څه شي به زما دپاره ښه وي،مګر د دِ پاره ما کښي دومره قابليت نه شته. (ايچ سی ايس بی)

د بعضي خلقو دا خيال دي چه الله پاک ته د رسيدو دپاره به خپل ځان نيش کوي. هغوی ثالثی کوي،روزي نيسي،او دنيا پريږدی.او هغوی دا خيال هم کوی چه يو ښځه او سړي د خواهش شاته غورولو سره ځان بچ کولي شی.يو سړي يا ښځه ځان له ضرور په خپل طاقت انحصار کوی.يو غرق کيدو والا سړي سره دومره طاقت نه چه ځان پري بچ کړی،هغه به ضرور د بل کس نه مدد غواړی.صرف يسوع مسيح دومره مظبوط سړي اوو چه يو کاميابه ژوند ئي تيره اوو

- څوک هم دومره زوره ور نه شته.
خپل دوړه لاسونه د طاقتور سړی طرف ته اوچت کړئ او خپل سر اوخوزه وئ چه ،،نا،،

4. ټول خلق ګناه ګار دی او الله پاک د رحمت نه لري شودی.

رومنز 3:23-
به د الله پاک په نيز قابل قبول وی .صرف يسوع مسيح مونږ. د الله پاک خاندان ته واپس کولي شی.مونږ له د هغه په نيکئ به يقين پکار دي،په خپل نه.

دټولو نه اخيری ټولګي دا خيال کوی چه هغوی د الله پاک قربت حاصلولي شی ځکه چه د هغوی نيک اعمال به د بد عملونو نه ډير زيات وی.او هغوی ته يقين دي چه هغوی نيک عملونه زيات کړی دی او داالله پاک رضا ي حاصله کړي ده.او هغوی خپل ځان ته دا ډاډ هم ورکوی چه هغه د

فلانکی سړی نه زیاته ګناه نه ده کړي.خو خیر الله پاک به د هر چا امتحان اخلی په مقابله د یسوع مسیح د ژوند کښي. دیسوع مسیح په مقابله کښي به زمونږ د ټولو عملونو کښي کمي وی.صرف د یسوع مسیح قربانی- چوک هم دومره ښه نه دي چه هغه الله پاک ته واپس شی.

څوک هم دومره ښه نه دي.
خپل لاسونه د ترازو په شان یو شان او نیسئ او ښکته بره حرکت ورکړی او پل سر اوخوزه وئ.،نا،

اهم باب

جان 14:6-
یسوع مسیح جواب ورکړو.،،ځه د الله پاک طرف ته د سچائ او د ژوند سیدها لاره یم ،څوک هم زما نه علاوه زما د پلار طرف ته نه شی راتللي.

- هر یو پاسي او دا اهم ایات لس پیري په جمع اووائیږومبئ شپږ پیري د طالب علم د نوټس یا د پاک بائیبل نه وئیلي شی.او اخیری څلور پیري په یادو اووائهر پیره د ایات د لوستو نه د هغي حواله ورکړئ او چه کله ختم شی نو کینئ.
- په دِ طریقي سره تربیت کونکی ته مدد ملاویږی.چه کوم ټولګی سبق د دِ مسق/ عملی مظاهري سره ختم کړو.

مشق

- لیډران د څلورو څلورو کسانو په ټولګو تقسیم کړئ. :

اوس مونږ هغه تربیتی مشق د هغي طریقي طرف ته ځو کومه یسوع مسیح استعمال کړي وه.هغه طریقه مونږه هم په دِ مشق کولو کښي اوښودله.

- لیډران د تربیتی مشق نه نمبر په نمبر تیر کړئ او لاندینی د هر حصي د بیانولو د پاره د اوؤ نه تر اتهٔ (7-8) منټونه ورکړئ.

ترقی یا پر مخ تګ

د خپل ګروپ سره د هغه سړی چا چه نوي نوي عسائیت قبول کړي وی حلفیه بیان واړه وئ.

مسائل:

دخپلو ټولګی سره د دِ خبري ذکر اوکړئ چه په عسائیت خورولو کښي تاسو ته کوم کوم مسائل راتلي شی.

منصوبه:

د هغو خلقو نومونه بیان کړئ د چا چه سره چه به په راتلونکو 30 دیرش ورځو تعلیمات خوره وئ

- هر یو کس له د خپل ملګری منصوبه یاده ساتل پکار دی چه روستو بیا د هغه د پاره دعا اوکړي شی.

مشق:

- د عیسائیت د تعلیماتو دست بند د رهنما په طور باندي استعمال کړئ.او هر لیډر د دا دست بند نمبر په نمبر په وړو ټولګو کښي واړوی.
- د ټولګی ټول کسان په یو ځاي دا اهم اياتلس پیري اولولئ.

دعا

تاسو په خپل ټولګی کښي د هغه خلقو د دعا دپاره وخت اوباسئ چا ته چه د الله پاک خاندان واپس کیدل دی.

اختتام:

د تربیتی کسانو زور.

لاندیني ټیبل په سپین بورډ یا د یو کاغذ په یوه ټکړه دسیشن نه مخکښي اولیکئ.د د سیشن د ختمیدو نه مخکښي دخساب کتاب تجزي اوکړئخو لیډرز خپلي اندازي ته پریږدئ.او دا بحث به ډیري د فایدي خبري مخي ته کړی.د صحیح تعداد په باره کښي به شرکت کونکو ته زیاته واضحه شی.

	ټوله ابادی		نوي چرچ شروع کول
	ټول غیر عقیدت مند		د چرچ اوسط سائز
	ټول عقیدت مند		ټول چرچونه
	2٪ حاصل شوي مقصد		د چرچ مقصد

اوس زۀ تاسو ته داویل غواړم چه تر بیتی وني ولي اهم دی؟ راځئ چه لاندیني ټیبل په شریکه ډک کړو.

(په د چارټ کښي چه د کومو خلقو د ټولګو د شمیري کمه حواله ورکړي شوي ده هغه صرف د مثالونه په توګه ورکړي شوي دی.که چري ټول لیډران د یو شان خلقو د ټولګو نه راځی.نو د هغو د ټولګو تعداد استعمال کړئ.که چري هغه د مختلفو خلقو د ټولګو یا د یو څو خلقو د ټولګو نه راځی ،نو بیا د صوبي ،ریاست یا د ملک نمبر استعمال کړئ).

تو‌له ابادی	2000000	نوي شروع وی چرچونه	10
ټول غير عقيدت مند	1995000	د چرچ اوسط سائز	50
ټول عقيدت مند	5000	ټول چرچونه	100
2٪ حاصل شوي مقصد	40000	د چرچ مقصد	800

زمونږ د خلقو ټولګی د 2000000 خلقو نه دي.مونږ اندازه لګوو چه په دِ 5000 عيسائي عقيدت مند دی.مطلب دا چه 1995000 د يسوع مسيح پيروکار نه دی.زمونږ مشن دا دي چه کم ازکم 2 فيصد خلق عيسائيت قبول کړی.مطلب دا چه 40000 هزار خلق.مونږ ته اوس هم يو لوي سفر باقی دي.

اوسطا، يو موجود چرچ به هر لس کالو کښي يو نوي چرچ شروع کوی. په دنيا کښي په يو چرچ کښي اوسطا د 50 پچاس کسانو د پاره ځاي لری.مونږ اندازه لګاوؤ چه زمونږ د خلقوپه ټولګو کښي 100 سل چرچونه دی(5000/50) زمونږ مقصد 40000 هزار ته رسيدل دی.ځکه مونږ ته مزيد د 700 چرچونو شروع کولو ضرورت دي.دا تعداد نسبتاَ داصل تعداد نزدي دي.ليکن مونږ ته عکس ښکاری چه زمونږ په ګروپونو کښي چه کيږی.

يو روايتی چرچ اوسطاَ د نوي چرچ په شروع کولو کښي 10 لس کاله لګه وی.دغه شان به لس کاله کښي مونږ سره د چرچونو تعداد يو په دوه شی.زمونږ مقصد ټول ټال 800 سو چرچونه دی(40000/50). په بعضي چرچونو کښي د خلقو تعدادد پنځوسو نه به هم زيات وی،مګر ډير واړۀ به وی.ځکه دا يوه ښۀ اندازه ده. راځئ اوس د مقصد د حاصلولو د پاره په دوه طريقو سره موازنه کوؤ.

د ستي د ليډرانو تربيت

د روايتي چرچونه شروع	كالونه	تربيتي ليډران	كالونه
100		5،000	
200	10	10،000	1
400	20	20،000	2
800	30	40،000	3

څنګه چه تاسو ته ښکاريکه چري مونږه د ټولګو د شروع كولو د پاره په ليډرانو د تربيت توجه وركړو، نو بيا مونږه خپل مقصد په دري كاله كښي حاصلولي شو. په موجوده وخت كښي زمونږه 500 پيروكار دی.كه چري هر كس د يسوع مسيح د تعليماتو تبليغ اوكړی او د يو كس د عيسائ جوړيدو كښي مكمل لار ښودنه كوی،او په ټولګو كښي د يو ليډر په حيثيت سره تربيت كوی،او هغۀ ته ښائ، چه څنګه به داسي كوي نو بيا به هر كال بعد يو په دوه كيږ.و. او بيا دري (3) كاله بعد زمونږه 40،000 پيروكار شی.

او كه چري مونږه په روايتی طريقي سره ګرجي/چرچونه جوړول باندي يقين اوساتو،نو بيا مونږه په 30 كاله كښي خپل مقصد حاصلولي شو.زمونږ سره په موجوده وخت كښي 100 ګرجي /چرچونه دی او كه چري دا هر لس كاله بعد يو په دوه شی.نو بيا به زمونږ سره په 30 كاله كښي 800 ګرجي شی.

په عام توګه په ګرجو دا مسلۀ ده چه هغوی د ليډرانو د پيدا كولو دپاره خلقو ته تربيت نه وركوی.

ه نتيجه كښي ،يو كسان نوي ګرجي جوړل شروع كړی يا نوی ټولګی.هر كله كه مونږ د يسوع مسيح په شان تربيت وركول شروع كړل نو بيا دا مسلۀ ډيره په اسانه مګر په مضبوطه طريقي سره حل كولي شو.

زما د یسوع مسیح منصوبه

- لیډرانو ته اووایه چه هغوی د شرکت کونکو طرف ته مخ تاؤ کړی او د هغوی رهنمائ اوکړی چه هغوی به د یسوع مسیح د منصوبي صفحه کوم ځاي ګوری.هغوی ته واضحه کړی چه د دِ سیمینار د ختمیدو نه پس لیډران به په خپلو ټولګو کښي د یسوع مسیح په منصوبي باندي خبري کوی.واضحه کړی او خوره ي کړی.د دغه نه روستو د بیا لیډران دخپل خاندان د بخشش،وزارت،او د منصوبي دکامیابئ دپاره دعا اوغواړی.

:تاسو ته به غشی کښي یو داسي ځاي ښکاره شی چه په هغي سره تاسو خپل ټولګی له علاقائ معلومات واخلئ.د لګ ساعت د پاره ایسار شئ چه دعا اوکړو او خالی ځاي چه ځومره په ښهٔ طریقي سره کیږی پوره کړئروستو که چري بیا تاسو ته ښهٔ او معلوماتی مواد ملاؤ شی نو بیا هغه بدلولي شئ.

7

مریدان جوړول

د یو ښهٔ لیډر سره یوه ښهٔ منصوبه وی.یسوط مسیح خپلو مریدانو ته ساده مګر موثره طریقه د پادریت دپاره ورکړي ده.لیوک 10 کښې فرمائ خپل ځان تیار کړئ امن والا خلق تلاش کړئ ښهٔ خبر خور کړئ او نتیجه واخلئ ،یسوع مسیح مونږ ته د اختیارولو دپاره یوه ً ه منصوبه راکړي ده.

که چرې مونږه په یو ګرجا کښې پادریت شروع کړویا د نوي ګرجي یا د دهغه ټولګي نو د یسوع مسیح د منصوبي په ذریعي سره مونږه د غیر ضروری غلطیانو نه ځان بچ کولي شو.دا سبق لیډرانو ته دا ښائ چه څنګه به ذاتی طور باندي د یسوع مسیح دمنصوبي سره د یو بل رهنمائ اوکړو.او دا کار به هم شروع کړی چه دیسوع مسیح منصو به بندی خپل ټولګی ته وړانمدي کړی.

تعریف/ثنأ خوانی

- په یو ځاي دوه عبادتی نظمونه پیش کړئ او لیډر ته اووائي چه د دورانئي د پاره دعا اوکړی.

ترقی:

- د تربیت لیډرانو کښې یو بل لیډر ته اووایۀ چه د دري 3 منتو دپاره حلفیه بیان تیر کړی چه الله پاک څنګه تولګو ته ترقی ورکوی.د دِ خلفیه بیانولو نه پس تولګی ته اووایه چه د هغه/ هغي د پاره دعا اوکړی.
- تربیتی وخت یوه نمونه جوړه ولو دپاره یو لیډر ممکنه طریقي استعمالوی،ترقي،مسائل،منصوبه،مشق،دعا،یو رهنما د تربیت نمونه ګرزوی.

مسائل:

هر کله چه مونږ په یو منصوبه کښي ناکامه کیږو ،زمونږ منصوبه د نکامئ وی.یو ساده او د حکمت عملئ نه ډکه منصوبه سازَول ګران کار دي،زیات لیډران هغه وخته پوري د مسْلي خلاف ردعمل کښي تیروی.په ځاي د دِ چه په مستقبل کښي یوي سیدهي لاري ته ر مخ تګ اوکړی.

منصوبه

یسوع مسح دنیا ته د تلاش او دنقصان پوره کولو دپاره راغلي اوو،او کله مونږه پیروی کؤؤ نو مونږه هم د هغۀ په شا ن کولي شو.هغه خپل مریدانو ته یو واضحه منضوبه ورکړي ، هغه مونږه هم د خپل مشن دپاره استعمالولي شو.

جائزه

پخیر راغلي
ګرجا څوک جوړه وی؟
دا ولي ضروری ده؟
یسوع مسیح خپله ګرجا څنګه جوړه کړي وه؟

په الله پاک پوخ یقین ساته.
تعلیمات خوارهٔ کړه.
مریدان ساز کړه.
ټولګی او ګرجي شروع کړه.
لیډرانو ته ترقی ورکړه.

1 کورینتهینز 11:1- زما پیروکار جوړ شئ، څنګه چه زهٔ د یسوع مسیح یم (این اي ایس)

د یسوع مسیح په سان تربیت ورکړئ.
بیسوع مسیح لیډرانو ته څنګه تربیت ورکړي؟
ترقی
مسائل
منصوبي
مشق
دعا

یو پیروکار په مرتبه د خپل استاد نه اوچت نه وی خو که مکمل تربیت یافته وی A-لیوک 6:40نو بیا د خپل استاد په شان وی.(ایچ سي ایس بی)

د یسوع مسیح په شان رهنمائ اوکړه
یسوع مسیح به چاته عظیم لیډر وائ؟
د عظیم لیډر اووهٔ لوي خوبیاني څهٔ چه دی؟
عظیم لیډران د خلقو سره مینه کوی.
عظیم لیډران خپل مشن پیژنی
عظیم لیډران د خپلو مریدانو خدمت کوی
عظیم لیډران په مینه سره پوهه ول کوی
عظیم لیډران د ټولګو مسائل پیژنی
عظیم لیډران د پیروئ دپاره ښهٔ ښهٔ مثالونه ورکوی
عظیم لیډرانو ته پته وی چه هغه خوشحاله دي.

جان 13:14-15 –اوس زۀ ستا ملک او استاد يم، ستاسو پښې مې اووينځلې، اوس تاسوله هم پکار دی چه د يو بل پښې اووينځئ، ما تاسو ته يو مثال پريښودو اوس تاسو له هم پکار دی چه زما په شان اوکړئ.

مضبوط اودريږئ
کوم شخصيت الله پاک تاسو ته درکړي دي؟
- سپاهی
- متلاشی
- نګران
- محرک
- څوی/لور
- پادری
- خدمتګار
- منتظم

الله پاک د شخصيت کوم يو قسم زيات خوښه وی؟
د شخصيت کوم قسم ښۀ ليډر جوړه وی؟

رومنز12:4-5 - زمونږ هر يوکس يو بدن دي د ډيرو نمائنده ګانو سره، او د ټولو نمائنده ګانو يو کار نه دي.پس په عسائيت دډيرو کسانو يو بدن وی.او هر نمائنده باقي ټولو سره جوړ وی.

مضبوط اتحاد:
په دنيا ولي اته قسمه خلق دی؟
يسوع مسيح ته څه خوښ دی؟
- سپاهی
- تلاش کونکي
- حفاظت کونکي
- محرک
- څوی/لور
- پادری
- خادم
- د خادمانو نګران

مونږ کومې درې خوښې استعالولي شو چه کله چه اختلاف پيدا شی؟
تيښته
يو بل جنګ
خدائ جذ به تلاش کول او يو ځای کار کول

ګليتينز2:20- زه په عسائيت خپل ځان ورکوم اودا ډيره لرې نه چه زۀ ژوندي پاتې شمخو عسئيت به هميشه په ما کښې ژوندې وی.(اين اي ايس)

تعليمات خورول:
زۀ به عام تعليم څنګه خوروم؟
سرو رنګي تسبيح
أسمانی رنګي تسبيح
شني تسبيح
توري تسبيح
سپيني تسبيح
سري تسبيح
مونږته د يسوع د امداد ضرورت ولي دې؟
يو کس هم دومره ښکلي نه دي چه الله پاک ته واپس شی .
يو کس هم د الله په لار کښې دومره ورکړه نه شی کولي چه الله پاک ته واپس شی
يو کس هم دومره مضبوط نه دي چه الله پاک ته واپس شی.
يو کس هم دومره ښه نه دي چه الله پاک ته واپس شی.

جان 14:6- د يسوع مسيح جواب:زۀ لاره يم د خقيقت او د ژوند. څوک هم پلار ته نه ځی بغير زما نه.

د یسوع دمنصوبي ړومبئ مرحله څه ده؟

لیوک 4-10:1-
[1]د هغي نه پس مالک نور دوه اوویا 27 کسان مقرر کړل
او د 2،2 مخکښي هر یو قصبي ته اولیګل او هلته ي کینه
ول چرته چه هغوی له تلل اوو.
[2]هغه هغوی ته اووئیل :فیل ډیر زیات شوي دي خو
مزدوران کم دی.د فصل مالک ته اووایه چه د دِ پټی فصل
د پاره نور مزدوران راواستوی.
[3]لاړ شئ!زه تاسو داسي لیږم لکه څنګه چه د ګډو مینځ
کښي لیوؤ روان وی.
[4]ځان سره بټوه یا تهیلئیا سیند ل مه وړئ او مهٔ چاته په
روډ سلام کوئ.

خپل ځان تیار کړئ

جوړه لاړ شئ

په باب اول کښي،یسوع مسیح فرمائ چه جوړه به ځئ:په ډیرو ثقافتونو کښي د دِ مطلب دوه سړی یا دوه ښځي.د ملګری نه بغیر ته یواځي یئ.یو ځل یو ځل بیا هم دیو ځل برابر وی. خو بیا هم دوه ځل او دوه ځل د اتهٔ 8 برابر وی.د ضرب صلاحیت ډیره ول دی د یوملګری سره.

مشکل وختونه خلق بحوصلي کوی،په خاص طور چه کله هغوی ځان له کار کوی. په ټول بائیبل کښي دی ،چه روحانی لیډران د ملګرو سره یو ځاي کار کوی او یسوع مسیح هم دا په خپله منصوبه کښي دا مشق بار بار ښودلي دی.

- دا اصول د لاندینی ورکړي شوی خاکي مطابق او ښائ.

ماته غور اوکړئ

څه به اوشي چه هر کله تاسو چرته د يو وزير طرف ته ځان له لاړ شئ او هغۀ ته څه واقعه پيښه شوې وي؟

- د کمرې ګير چاپيره تاؤ شئ دا سې اوګنړئ چه تاسو د يو وزارت علاقي ته ځئ. هر يو ته اووايه چه تا ته حادثه پيښه شوي ده او ستا پښه متا شوي ده. ګډ ګډ د کمرې ګير چاپيره ګرځه او وزير او نورو ته کوشش کوه.او بيا اعلان اوکړه چه رنړا ما تنګه وې. د وزير طرف ته کوشش جارې اوساته، خو اوس خپل غړئ ته اچانک جهټکا ورکه.

دا واقعه به څومره بدله شي که چرې يو ملګرې تا سره حصه واخلي؟

- هم دغه منظر بيا دا ځل د خپل ملګرې سره پيش کړئ. ستا ملګرې دحادثې نه روستو پټئ لګولو کښي مدد کوي او ستا خيال ساتي.ستا ملګرې تا ته خبرداري درکوي چه په باران کښي به نه ګرځي کله چه ستا په لاس کښي د اوسپني ډنډه وي.

يسوع مسيح د عقل خاوند دې هغه فرماي چه کله ځئ نو جوړه ځئ.هغه ته معلومه ده چه مسائل راتلي شي، او د هغه مسلي د حل د پاره د يو کس ضرورت پيښيږي

☟ د دواړو لاسو مينځنئ ګوتې د اشارې په توګه استعمال کړئ او يو ځاي ځئ.

د يسوع مسيح د منصوبې ړومبې کالم کښي ليکلي دي :چه په کوم سړې ستا اعتماد وي نو هغه ستا ملګرې جوړيدې شي.

هغه ځاي ته لاړ شې کوم ځاي کښې چه یسوع مسیح کار کوی.

مونږ ولې د یسوع مسیح تابعداری کوؤ،ځکه چه مونږ په خپله هیڅ نه شو کولې،خو اوګورئ چرته چه یسوع مسیح کار کوی هغه سره یو ځاي شئ.خیال اوکړئ چه کوم ځاي ته یسوع مسیح مونږه غواړی لیګل غواړی همیشه څه اسان ځاي نه وی.ښۀ خبر دا دي چه هغه مونږ سره مینه کویاو مونږ ته دا ښودل غواړی.

- د مریدئ د سمینار د تلو ده سبق نه دلاس د حرکاتو جائزه واخلئ.

،، ځه په یواځي هیڅ نه شم کولي،،

یو لاس په سینه کیږدئ او سر اووخوزه وئ چه :نا:

،،ما له په غور سره کتل پکار دی چه الله پاک کوم ځاي کار کوی،،

یو لاس په سترګو ګیږده ، ګس او ښئ لاس ته تلاش شروع کړئ.

،، چرته چهٔ هغه کار کوی،هغه سره ملاؤ شئ،،

لاس مخې ته یوسئ خپل مخامخ ځاي ته اشاره اوکړئ او خپل سر اووخوزه وئ :خه:

،،او ماته معلومه ده چه هغه ما سره مینه کوی او ماته ښودل غواړی.،،

خپل لاسونه بره په تعریف کښې اوچت کړئ او بیا تیر او بیر په زړۀ کیږدئ

زما د یسوع ممسیح د منصوبې په ړومبی کالم کښې لیکی چه الله پاک چرته کار کوی او کوم ځاې ته د تلو دپاره تا راغواړی.

د لیډرانو د پاره د زړهٔ د اخلاصه دعا اوو غواړئ.(2)

په باب دویم کښې،یسوع مسیح مونږ ته دا حکم راکوی چه کار ته د تلو نه مخکښې دعا غواړئ. یسوع مسیح د خپلې منصوبې چلولو نهمخکښې ډیره په کلکه دعا غوښتې ده.مونږ هم پکار دی چه د منصوبې شروع کولو نه وړاندې زیات وخت په دعا ګانو تیر کړو.

کله چه مونږ دعا غواړو،نو مونږ په خپل ټولګی کښې د خلقو د طرفه د الله پاک ثناء بیانَ اوو، چه څنګه هغه کار کوی او د خلقو دپاره چه هلته به څنګه رسی.

ثناء
لاس د عبادت دپاره خوارهٔ کړئ.

مونږ په ژوند کښې په کړو ګناهونو پښیمانه کیږو.مونږ د هغه خلقو په هر قسمه ګناهونو هم پښیمانه کیږو کوم چه زمونږ اطاعت کوی. مونږ د هغو خلقو په ګناهونو هم پښیمانه کیږو کوم چه د وهمی ، دبتانو عبادت یا مثال په طور تعویز ګنډو والا کارونه کوی.

پښیمانی
خپل د لاسو نو تلی خپل مخ ته د ډهال په شکل کښې اونیسئ او مخ بل طرف ته واړه وئ.

بیا مونږ الله پاک ته وایو چه مونږ ته علاقای لیډران راکړئ کوم چه د یسوع مسیح اطاعت کوی، پس کله چه نور خلق زمونږ تابعداری کوی نو دوی به د یسوع مسیح اطاعت کوی.

غوښتنه
د حاصلات/غوښتني د پاره دلاسونو نه د پيالئ شکل جوړَول.

اخر کار ، مونږ په د نتيجه اورسيدو چه الله پاک مونږ نه څه کار اخستل غواړی.

نتيجه/محاصل
په دعا کښي بند لاسونه د تندی په برَنئ حصه کيږدئ.
چه تعظيم تري نه معلوميږی.

زما ديسوع مسيح دمنصوبي په ړومبی کالم کښي ليک: د هغه محرک ليډرانو نومونه څوک چه ستاسو دتلو د ځاي دپاره کوم خوا چه تاسو ځئ دعا ګاني غواړی.

په انکساری سره ځئ.(3)

په باب دريم کښي،يسوع مسيح وائ هغه مونږه داسي ليګی لکه څنګه چه شرمخان په ګډو کښي ځی،پسمونږ له په عاجزئ سره تلل پکار دی.خلق به صرور هغه اواز ته غوږ نيسی کوم چه د يو انکساره زړهٔ نه رااوزی.هغوی چري هم مونږ ته غوږ او نه نيسی که چرته هغوی ته دا يقين اوشو چه مونږه مغروره او بد دماغه يو.

- دا اصول د لاندينی خاکي په مدد سره اوښائي.

عظيم ليډران

ستاسو څه خيال دي چه د يو کلی خلق به څه وائ که چري زهٔ د هغوی کلی ته لاړ شم دَ دِ په شان....؟

- دخپل زړۀ اواز ته غوږ اونيسه کوم چه ستا د سيني نه أواز راوزی. ´´زۀ د ټولو نه غټ ليډر يم،تا له زما خبره اوريدل پکار دی.،،چلو هر کس ته پته ده چه ته سوچ کوي زۀ يو غټ او ښه ليډر يم.

يسوع مسيح عقل والا دي او وائ چه په عاجزئ سره به ځي.په خلقو ډير زر اثر پريوزی چه کله پيغمبر انکساره وی او د خلقو د مدد دپاره په سينه کښي زړۀ لری.يو کس هم افسري ښودو والا کس نه خوښوی.

انکساری سره تلل.
لاسونه د دعا په شکل کښي او ټيټ شه.

په ړومبی کالم اوليکه ' زما د يسوع مسيح منصوبه "لانديني سوال جواب ورکه:ستا په خيال د انکساری سره تللو څه مطلب دي؟

په الله پاک انحصار کول او په پيسو نه کول.

د يسوع په منصوبه کښي يسوع مونږ ته دا صفا اصول ښائ چه کله مونږ يو وزارت يا کار شروع کوو.د عيسائيت په ټول تاريخ کښي ،ليډرانو په وزارت کښي ډيري غلطئ کړی دی ځکه چه هغوی د يسوع په اصولو کښي دا يو اصول هير کړي وو.يسوع مسيح مونږ ته دا وئيلئ دی چه زمونږ وزارت به هميشه په الله پاک انحيار کوی په پيسه نه.مونږ يا د الله پاک خيال ساتلي شو يا د پيسي نه چه د دواړو. مونږ له دا يقين ساتل پکار دی چه د هر يو شی انحصار په الله پاک با ند ي دي نه چه په پيسه باندي؟

- دا اصول د لانديني ورکړي شوی حاشيي د اصولو مطابق ادا کړئ.

پیسه د شهد په شان ده

ستاسو څه خیال دي چه د یو کلی خلق به څه وائ که چري زۀ د هغوی کلی ته لاړ شم دَ دِ په شان....؟

- یو تهیلئ سره په څه بهاني سره یو کلی ته ننوځئ. په یو لیډرانو کښي یو لیډر ته ځان اورسوئ او اووایه،:چه مونږه په د کلی کښي یو نوي چرچ شروع کوؤ.مونږ سره ډیره زیاته پیسه ده.راشئ او اوګورئ چه مونږه تاسو له څه کولي شو!: او دا وینا د نورو لیډرانو سره هم څو ځله واړوئ.

یسوع مسیح عقل والا دي هغه واي چه په پیسه به یقین مه کوي.په وزارت کښي ،خلقو ته پکار دی چه د یسوع مسیح طرف ته راشی ځکه چه هغه د الله پاک ځوی او د دنیا د پاره خلاصی والا دي،نه چه دپیسو وعدي او امداد. پیسه په شان د شهد ده او مسائل پیدا کوی که چري مونږ په پیسه اعتماد اوکړواو په الله نه.

> په الله بهروسه ساتل ،په پیسه نه
> بهانه اوکړه چه ستا د جیبه پیسه لاړه ، خپل سر اوخوزوه ،نه،او بیا أسمان ته اشاره اوکړه او خپل سر اوخوزوه ،او،.

په ړومبی کالم اولیکه ' زما د یسوع مسیح منصوبه "لاندیني سوال جواب ورکه:ستا په خیال د انکساریئ سره تللو څه مطلب دي؟ په ړومبی کالم اولیکه ' زما د یسوع مسیح منصوبه "چه په ړومبي کال کښي به څومره خرچه راځی چه د نوی وزارت/مشن دپاره جمع کړو"

سيدها هغه ځاي ته ځه کوم ځاي نه چه درته اواز درکړي کيږی.(4)

يسوع مسيح په احکاماتو کښي په باب نمبر 4 کښي حکم دي چه هر هغه کس چه د روډ په غاړه وی سلام ورته مه کوه.هغۀ مونږ ته د ګستاخئ حکم نه راکوی بلکه په خپل مشن باندي د دنظر ساتلو د پاره حکم کوی کوم چه هغه مونږ ته راکړي دي.ډير زمونږ نه د ښه کار کولو نه پس ډير په اسانه سره جدا شی اګر چه هغه ښه نه ښه کارونه کوی.

- دا اصول د لاندينی ورکړي شوی حاشي په ذريعه اوښائي.

ګډوډ دماغ والا

ستاسو څه خيال دي چه د يو کلی خلق به څه وائ که چري زۀ د هغوی کلی ته لاړ شم دَ دِ په شان....؟

- هر يو ته اووايه چه شاګرد \ازير تربيت د دِ اصول ښودو د باره روان دي.د کمري بل ګوټ ته اشاره اوکه او اووايه:

؛د خلقو يو ټولګی زما دوست ته ويلی دي چه زمونږمدد له راشی.بيا ګوره چه څه کيږی.،،

- شاګرد نورو ليډرانو ته وائ چه تاسو به څه کوی چه زۀ دا کوم. شاګرد يو ضرورت مند ټولګی ته وړاندي کيږی،خو ياد ساتئ چه هغه به خپل دوستانو ته مخه خه وائ.هغه خپلو دوستانو سره کينی او د هغوی سره څه وخته پوري بحث کوی. ديو څو منټو نه پس هغه ته ياد شی چه زۀ خو يو خاص مشن ته روان يم.هغه پاسی او بيا شروع کوی، خو هغه ته رايادشی چه زما په ذمه خو د خور قرض دي،بس هغه بيا خپل کورته ځی.خور هغه ته د ماښام روټئ ورکوی او ورته د شپي دايساري دو د پاره ست کوی.په دريم ځل هغه پاتي کيږي او هغه يو بله کورنئ بهانه جوړوأخری.أخرکار هغه د

وزارت ځاي ته ځي ، خو اوس يو کس هم د د خبري اوريدو ته تيار نه دي.

يسوع مسيح عقل مند دي هغه مونږ ته وائ چه سيدها د وزارت هغي ځاي ته ځئ کوم ځاي نه تاسو ته بلنه راځی.د دنيا خيال په اسانه سره مونږه بي لاري کولي شی او زمونږ ورکيدو وجه سازيدي شی چه االله پاک د وزارت په ځاي کښي څه کوی.

✋ خپل تلي کيږدئ او د دواړو لاسو ګوتي يو ځاي کړئ او بلکل يو سيدها حرکت جوړ کړئ.

په ړومبی کالم اوليکه ' زما د يسوع مسيح منصوبه، د هغو ممکنه ګدوډ دماغ والا فهرست کوم چه تاته مخي ته راغلي .

مشهور/ياد ګاري باب:

ليوک:10:2
هغه هغوی ته اووي ،،چه فصل ډير زيات دي ، او مزدوران لګ دی.د فصل مالک ته اووايه چه د دِ پټي فصل ته نور مزدوران رااوليګی.

- هر يو اودريګی اد يادګاری باب لس ځله په شريکه وائ. ړومبی شپږ ځله د بائيبل يا د ستوډنټ کاپئ نه لوستل لازمی دی.اخيری څلور ځله هغوی په يادو وائ.د باب د دوباره وئيلو نه مخکښي هر ځل د باب حواله ورکړئاو چه کله ختم شی نو بيا کينئ.
- د دِ عاداتو خپلولو سره تربيت حاصلولو ته مدد ورکوی او کوم يو ټولګی د مشق حصه کښي سبق ختم کړو.

مشق :-

- لیډران په څلور ټولګو کښې تقسیم کړئ.هغوی ته اووایه چه د دِ لیډر شپ د سبق دپاره د تربیت اصول استعمال کړی او د لاندینو سوالونو جوابونه ورکړی.
- لیډران د دِ تربیت د طریقي مطابق پوړئ په پوړئ ځی،او د لاندینی حصي دپاره ورته د (7-8) منټو پوري وخت ورکړئ.

ترقی :-

د دِ مرحلي کومه حصه ستا د ټولګی منلو د پاره ډیره أسنانه ده؟

مسائل :

د دِ مرحلي کومه حصه ستا د ټولګی منلو د پاره ډیره ګرانه ده؟

منصوبي:

هغه کوم یو کار دي چه په راتلونکو (30) ورځو کښي ته خپل ټولګی ته شروع کوي او یسوع د منصوبي د دِ مرحلي تابعداری به کوي.

- هر یو کس له پکار دی چه د یو بل منصوبي یاد او ساتی چه روستو بیا هغوی خپلو ملګرو له دعا اوکړي شی.

مشق :-

هغه کوم یو کار دي چه په راتلونکو (30) ورځو کښي هغه ته په خپل ټولګی کښي وده ورکول غواړي اود یسوع د منصوبي د دِ مرحي تابعداری کول غواړي؟

- هر یو کس له پکار دی چه د خپل ملګری ورکړي شوي کار ریکارډ کړی چه روستو بیا هغوی خپلو ملګرو له دعا اوغوښتي شی.
- لیډران دِ پاسی او د ا یادګاری أیات دِ 10 ځل په یو ځاي اووای روستو د هر یو کس په مشق کښي د خپل مهارت ښودنه اوکړی.

دعا:

- د یو بل د منصوبو د پاره په د عا ګانو کښي وخت تیر کړئ.

اختتام

زما د یسوع منصوبه

- ټول لیډران دِ حصه اخستونکی طرف ته مخ واړوي او هغوی دِ د یسوع منصوبي طرف ته مائله کړی.

د دِ وخت د خپلو نوټس په استعمال سره د خپل یسوع د منصوبي ړومبي خانه ډکه کړئ-ته به خپل کار ځنګه کوي؟ دا خاص وضاحت اوکړه چه لوک 10 کښي به د یسوع مسیح د وزارت د اصولو مطابق ځنګه پیروی کوي.

My Jesus Plan

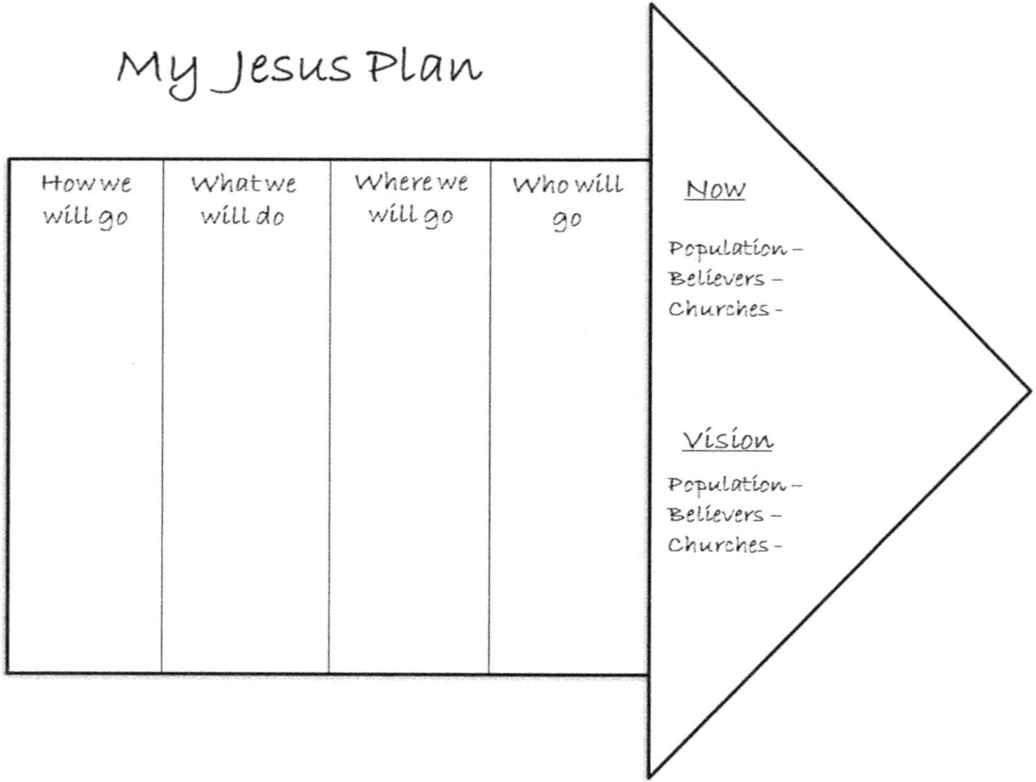

How we will go	What we will do	Where we will go	Who will go

Now
Population –
Believers –
Churches –

Vision
Population –
Believers –
Churches –

8

ټولګی شروع کول

لیډران خپل زړونه د یسوع د منصوبي د ړومبئ مرحله د پاره ځان تیاره وی.سبق ټولګی شروع کول دوئمه، دریمه،او څلورمه مرحله قابو کوی.مونږ د وزارت او په مقصدکښي ډیرو غلطیانو نه ځان بچ کولي شو که چري مونږه په لوک 10 کښي د یسوع مسیح د منصوبي د اصولو پیروي اوکړو.لیډران دا اصول د سبق په اخر کښي اختیاروی کله چه دوی د یسوع منصوبه باره کښي خپله ذاتی راي لیکی.

دویمه مرحله تقریباً رشتو ته تقویت ورکول دی.مونږ الله پاک طرف ته ځو کوم ځاي کښي چه هغه کار کوی او اهم خلق کوم چه د پیغام ذمه وار دی.مونږ خورو او څښو ،هغوی مونږ له څه راکوی چه مونږ ورته خپل قبولیت ښکاره کړو.مونږ نه ځو د یوي دوستئ نه بلي دوستئ، ځکه چه دا د زوړنو د رشتو په مینځ کښي پیغام ته نقصان رسوی.

مونږ په دریمه مرحله ښکلي پیغام خوروؤ.یسوع مسیح په شان د یو نګران دي چه خلق بچ کړی او هر څه ورکړی. په د مرحله کښي تربیتورکولو ولا لیډرانو ته حوصله ورکوي او ښه وزارت کښي د ښه والی لاري تلاش کوی.خلق پرواه نه کوی چه ته څه پیژني تر هغي پوري چه خبر شی چه ته خیال کوي.

د بيمارئ ښهوالي د علم د خوررواو دروازي کهلاوئ.مونږ د نتيجو ارزو لرو او په شچلورمه مرحله کښي ځاي کوؤ.خلق څنګه قبلونکی دی؟ايا د هغوی د روحانی معاملاتو ګښي اصل دلچسپي ده يا يوه بله وجه چه پيسه د هغوی په خيالاتو کښي ګرځی؟که چري خلق توجه راکوي نو بيا مونږ قيام کوؤ اوکار جاری ساتو. او که چري خلق توجه نه راکوی نو بيا د يسوع د حکم اطاعت کوؤ ځاي پريږدو او کوم ځاي چه غلطی نو دهغه ذاي نه شروع کوؤ.

صفت/تعريف

- دوه عبادتی سندرييه سريکه اووايئ.ليډر ته اووايئ چه د دِ وخت دپاره دعا او غواړی.

کاميابی:

- تربيت کښي يو بل ليډر ته اوويه چه د دري منتو دپاره هغه مختصر وينا نورو سره واړَوی چه الله پاک خپل ټولګی څنګه بخی. د دِ سوګند ظاهرولو نه پس ليډر ټولګی ته د دعا د پاره خواست کوی.
- د نعم البدل په طور باندي د تجزيه کولو په وخت ليډر ترقی،مسائل،منصوبه،مشق،عبادت او د ليډرشپ د تربيت نموني استعمالوی.

مسائل:

زيات تر پوښه خلق د ډير ښه زړه والا وی او خپلي کميونټئ ته د رسيدو په وخت ډير د صبر نه کار اخلی. ولي بيا هم،هغوي سره د خپل مقصد حاصلولو د پاره يوه ساده منصوبه نه وی. ډير دا س دي چه په تجرباتی طور باندي ټولګی شروع کوی او غلطی کوی خو دا طريقه وخت او زور ختمَه وی .بيسو ع مريدانو ته د ټولګو د شروع کولو صفاهدايات ور کړی دی.کله مونږ د هغه د منصوبي پيروی کوؤ،مونږ هغه ته ځان

نزدي کوؤچرته چه هغه کار کوی او بلا ضرورته غلطئ نه کوی.

منصوبه:

د دِسبق غټ مقصد دا دي چه د یسوع د هدایاتو مطابق د مریدانو دټولګو په ښه طریقه سره اغاز کول دی.مونږ د یو امن والا کس ګورو او د هغه بدنی او روحانی ضرورتونو ته رسو.یسوع مسیح مونږ ته دا حکم هم راکوی چه د کار د ختمیدو نه پس دهغه په قدرو قیمت باندي دهغه منصوبي مطابق نظر اچول دی.

جائزه :

په خیر راغلي

چرچ څوک جوړوی؟

هغه ولي اهم دی؟

یسوع مسیح خپل چرچ څنګه جوړوی؟

- په الله پاک پوخ ساتئ.
- تعلیمات خوارهٔ کړئ.
- مریدان جوړ کړئ.
- ټولګی او چرچونه جوړول شروع کړئ.
- لیډرانو ته ترقي ورکړئ.

-1 کورین تهیئنز 11:1 ـزما تقلید اوکړئ صرف او صرف چه زه هم یو عیسائ یم.(این اي ایس)

دیسوع مسیع په شان تربیتي

یسوع مسیح به لیډرانو ته څنګه تربیت ورکولو؟

- ترقی
- مسائل
- منصوبي
- مشق
- دعا

ليوک 6:40 ــيو مريد د خپل استاد نه زيات اوچت نه وی ،خو هر هغه څوک چه پوره تربيت ي اخستي وی د خپل استاد په شان وی. (ايچ سی ايس بی)

ديسوع مسيح په شان قيادت :

چوک وائ چه يسوع مسيح د ټولو نه غټ ليډر دي؟
د غټ ليډر اووۀ(7) خصوصيات څه څه دی؟
1. غټ ليډران د خلقو سره مينه ساتی.
2. عټ ليډرانو ته د خپل مشن پته وی.
3. غټ ليډران د خپل پيروکارو خدمت کوی.
4. غټ ليييدان په مهربانئ سره اصلاح کوی.
5. غټ ليډران د ټولګو حاضر مسائل پيژنی.
6. غټ ليډران د پيروی ښه مثالونه ورکوی.
7. غټ ليډران پيژنی چه هغوی بخلی شوی دی.

جان -13:14-15-اوس زۀ ستاسو مالک او استاد يم، ستاسو پښي مي اوؤينځلي ، تاسو ته هم پکار دی چه د يو بل پښي اوؤينځئ.ما ستاسو دپاره يو مثال قايم کړو او تاسو له پکار دي چه زما په شان اکړئ.

غټي مرتبي:

الله پاک تاته کوم شخصيت در کړي دي.
- سپاهی
- تلاش کونکي
- حفاظت کونکي
- محرک
- ځوی/لور
- پادری
- خادم
- د خادمانو نګران

الله پاک ته د شخصيت کوم قسم زيات خوښ دي؟
د شخصيت کوم قسم بهترين ليډر سازوی؟

رومنز12:4-5 - زمونږ هر یوکس یو بدن دي د
ډیرو نمائنده ګانو سره، او د ټولو نمائنده ګانو یو
کار نه دي. پس په عسائیت دډیرو کسانو یو بدن
وی.او هر نمائنده باقي ټولو سره جوړ وی.

مضبوط اتحاد:

په دنیا ولي اته قسمه خلق دی؟

یسوع مسیح ته څه خوښ دی؟

سپاهی

تلاش کونکي

حفاظت کونکي

محرک

څوی/لور

پادری

حخادم

د خادمانو نګران

مونږ کومي دري خوښي استعالولي شو چه کله چه اختلاف پیدا شی؟

تیښته

یو بل سره جنګ کول

خدائ جذبه تلاش کول او یو ځاي کار کول

ګلیتینز2:20- زه په عسائیت خپل ځان ورکوم
اودا ډیره لري نه چه زۀ ژوندي پاتي شمخوعسئیت
به همیشه په ما کښي ژوندي وی.(این اي ایس)

تعلیمات خورول:

زۀ به عام تعلیم څنګه خوروم؟

سرو رنګي تسبیح

أسمانی رنګي تسبیح

شني تسبیح

توري تسبیح

سپیني تسبیح

سري تسبیح

مونږ.ته د يسوع د امداد ضرورت ولي دي؟

- يو كس هم دومره ښكلي نه دي چه الله پاک ته واپس شی .
- يو كس هم د الله په لار كښي دومره وركړه نه شی كولي چه الله پاک ته واپس شی
- يو كس هم دومره مضبوط نه دي چه الله پاک ته واپس شی.
- يو كس هم دومره ښه نه دي چه الله پاک ته واپس شی.

جان 14:6- د يسوع مسيح جواب:زۀ لاره يم د خقيقت او د ژوند. څوک هم پلار ته نه ځی بغير زما نه.

مريدان جوړ كړئ.

د بسوع مسيح د منصوبي ړومبئ مرحله څه ده؟

- خپل زړۀ تيار كړئ.
- دوه دوه كسان لاړ شئ.
- هلته لاړ سئ چرته چه يسوع مسيح كار كوی.
- د ليډرانو د پاره د فصل نه دعا اوكړئ
- په عاجزئ سره لار شئ
- په الله پاک يقين اوكړئ په پيسه نه
- هلته سيدها لاړ شئ چرته نه چه تاسو ته اواز كيږی.

ليوک 10:2-4 هغه هغوی ته اووي چه فصل ډير زيات دي خو مزدوران كم دی.د فصل ملک ته اووايه چه ددِ فصل پټی ته نور مزدوران رااوليږی.

د يسوع مسيح د منصوبي دويمه مرحله:

ليوک 10:5-8
5هر کله چه تاسو يو کور ته ننوځئ نو اول په کور ته
سلام اوکړئ.
6که چري په دغه کور د سلامتئ او امن والا کس وی نو
ستا سلام به هغه ته سکون رسئ او که نه وی نو دا به
واپس تاته رسی.
7دغه کورکښي ايسار شئ او کهانا پينا اوکړئ، او هر هغه
څه چه تاسو ته درکړي شی اخلئ او د کارکونکو خيال
اوساتئ او د دغه کوره نورو کورونو ته مه ځئ را ځئ.
8هر کله چه تاسو يو ټاون ته داخل شئ او تاسو ته هر کلي
اوويلي شي نو بيا هر څه د خوراک تاسو ته وړاندي شی
نو خورئي.

2.دوستئ ته ترقی ورکړئ.

پر امن خلق او لټوئ(6،5)

په باب پينځم او شپږمي کښي،يسوع مسيح مونږ ته دا حکم راکوی چه پرامن خلق اوګورئ. د پرامن تلاش داسي دي لکه چه الله پاک کتل دي کوم ځاي ته چه تاسو ځئ.کله چه تاسو هغه ته د روحانی معملاتو خبري کوئ نو خپل ارمان ښکاره کوی او نور هم ځان پوهه کول غواړی. داالله پاک کار د مخکښي نه جاری دي او هغه دا سړي خپل ځان ته رابلی. زمونږ تعليمات خورلول زيات تر د پرامن سړی په تلاش کښي ښۀ کردار ادا کوی.

- د يسوع د منصوبي د دويم کښي ليکل دی چه تاته په خپلي ټکلي شوي علاقه د پرامنه سړی پته وی.

امن پسند کس
لاسونه يو ځاي کړئ لکه څنګه دوستان لاسونه خوزه وی.

خورئ او څښئ هر هغه څه چه درته درکولي شی.

په باب 7 کښي د يسوع مسيح د د قول په باره کښي ستاسو څه خيال دي، چه خورئ او څښئ که هغوی هر څه تاسو ته درکويهغه غواړی چه کله مونږ دوستئ ترقی ورکوؤ نو د ثقافت خيال به ضرور ساتو.خورئ او څښئ هر هغه څه چه کوربه تاسو ته په دوستئ کښي درکوی.

بعضي وخت تاسو د الله نه د رحم کولو طلب کوئ چه کله ستاسو معدي د غير معمول د خوراک سره بدله شی.بيا هم که چري تاسو اووغواړئ نو تاسو ته به ملاؤ شی.خلق مينه محسوسه وی او قبوله وی هر کله چه مونږ په يو ځاي خوراک څښاک اوکړو.

- د يسوع د منصوبي په دويم کالم کښي ليکلی دی چه ستاسو ټاکلی شوی ټولګی ته د کوم رواج ياخوراک ضرورت وی په هغي کښي ډير حساس اوسئ.

د خوراک څښاک د پاره بهانه ګوري.او بيا په خپله خيټه لاس راکاږئ چه خوراک ډير د مزي اوو.

د يو کور نه بل کورته مه ځئ

په باب اووم کښ يسوع مسيح وائ چه د کلي په کوم کور کښي تاسو موجود يئهم دهغه کس په کور کښي پا تي اوسئ. د دوستئ په ترقئ کښي وخت ضرور لګی د رشتي په معملاتو وخت په وخت تاؤ ترخوالي او مسائل پيدا کيږی.که چري مونږه د مسائل سر او تاؤ ترخوالي اوچيرو نو دا زمونږ د پرچار د مشورو پيغامونو ته نقصان رسوی.

- د یو کور نه بل کور ته مه ځئ.
د کور د چهت خاکه په دواړو لاسو جوړه کړئ. د کور مختلف ځایونو ته اورسئ او خپل سر او خوزه وئ چه ؛نا؛

- د یسوع مسیح دمنصوبي د ویمي مرحلي د اصولو په رڼړا کښي لاندینی عمل تر سره کړئ.

یو کلي به ځنګه خفه کوي

ستاسو څه خیال دي چه د کلی خلق به څه وائ چه کله مونږ د هغوی کلی ته لاړ شوپه شان د دي .

- هر یو ته اووایه چه ته او ستا ملګري د یسوع مسیح د منصوبي د ډیر مخکښي نه پیروی کوی.تا سو د یو وزارت طرف ته د جوړي په شکل روان یئ،تاسو ډیر په عاجزئ سره روان یئ،تاسو په دولت انحصار نه کوئ. الله پاک په کلی کښي کار کوی او تاسو دواړه سیدها هلته تلی یئ.هغوی ته اووایه چه هلته خیال کوی چه اوس څه او شوو او دا هم اوګورئ چه کلي والا ځنګه جواب درکوی.
- لیډرانو ته اووایه چه د تربیت ټولګی یو کلي اوګنړی. د خلقو ګروپونه کورونو په شان په کلی کښي.
- اولنی کور ته لاړ شه ،هغوی ته ښنانه اوکړه،هغوی سره کینه،او وخت ورسره تیر کړه.هغوی ته اووایه که چري تاسو سره د خوراک څه وی نو ماله راکئ ځکه چه زۀ ډیر زیات اوږي یم.دهغي نه پس د هغي نه چه تاسو ته د میلمانو خوراک درکړي شی، اوخورئ،او مخ ترئیو کړئ.او خپل ملګری ته اووایه چه مونږ نور دلته نه سو ایساري دي ځکه چه خوراک ښه نه دي،او ته داخي شوچ کوه چه ګنی ته مري.اجازت واخلئ خو خپله خیټه مګئ او داسي ښائي چه په خیټه مو درد وی.

- دويم کور ته لاړ شئ، سلام اوکړئ، هغوی سره کينئ، او بيا هلته د شپې تيرولو دپاره راضی شئ.بهانه اوکړئ چه مونږ ته خوب راغلي او اوده شئ.هغي نه لګ ساعت پس ستا ملګري تاته وائ چه څه خو دلته نور نه شم پاتي کيدي ځکه يو سړي په د کور کښي ډيري تيزي خراټي کوی. ستا ملګری ټوله شپه خوب او نه کړو. اجازت واخله او خپلي سترګي مګئ.
- دريم کور ته لاړ شئ،سلام اوکړئ،هغوی سره کينئ،او ايسار شئ.بله ورځ،خپل ملګريته اووايه چه زۀ دلته نور نه شم پاتي کيدي ځکه چه دوی ډير زيات ګپ شپ لګوي زما غوږونه خوږه وی.خپل غوږونه مګل شروع کړه او اجازت واخله.
- اخيری کور ته لاړ شئ،سلام اوکړئ،هغوی سره کينئ،او ايسار شئ.هر يو ته وايه چه تاسو ته پته ده چه په د کور کښي ډيره ښکلی لونړه دی.ته د خپل دوست دپاره د ښځي د کولو تلاش شروع کړه.د کور ټولو کسانو ته د خپل ملګری بي کچه خوبياني بيان کړه.

واضحه کړئ چه ستا پوخ يقين دي چه الله پاک غواړی چه ستا د يو ملګری واده د چا د يو ښکلي لور سره اوکړی. که چرې مونږ تعليمات په ډِ کلی کښي تقسيم کړو ،نو د کلي والا به څه سوچ کوی؟هغوي به وائ چه زمونږ څۀ عزت هم نيشته.مونږ د دوی څومره خيال اوساتو او دوی مونږ له څه راکړلو.د يسوع په منصوبي د عمل کولو سره مونږ دا داسو غلطيو نه ځان بچ کولي شو.

- د يسوع د منصوبي په دويم کام کښي ليکلی چه په کوم کو کښي چه تاسو اوسيږئ دکور والو کښي به څنګه تقسيم کوئ.کومي خاص ذريعي دي چه د هغي په مدد سره په هغوی سلامتيا ليکلي شئ.

د یسوع د منصوبي دریمه مرحله څه ده؟

لیوک 10:9—
د مرض نه د روغیدو هغوی ته اووایه چه هلته چوک دی،د الله پاک بادشاهی ډیره نزدي ده تاسو ته.،

3.داالله پاک پیغامونه خوارهٔ کړئ.

دمرض روغیدل (9)

د یسوع د وزارت سره د بدنی او روحانی وزارت دواړوحاجت دي. مونږ یو کلی ته یا د خلقو یو تولګی ته د مرض د ختمیدو دپاره مختلف طریقو سره راځو، لکه عوامی ترقئ،د اوبو سپلاې ښهٔ کول،طبی امداد کول یا د غاښونو باره کښي امداد،د بیمارئ دپاره دعا،او مشوري کول.

- د خپل یسوع دمنصوبي د دویم کالم مطابق په مشقی طریقه سره د خپل وزارت یا د مشن د طرفه تاسو د طبی ضروورباتو معاشري ته ورکولي شئ.

دمرض روغیدل
خپل لاسونه خوارهٔ کړه داسي لکه چه ته یو بیمار کس په لاسونو پروت یئ او هغه د مرض نه د روغیدو په طمع وی.

تعلیمات خوارهٔ کړئ (9)

د ښهٔ پیغامونو د خورولو دویمه حصه تعلیمات خورول دی.،،

- د تعلیماتو د جائزي د پاره تعلیمی دستبندي استعمال کړئ.

ښۀ پیغام همیشه ښۀ پیغام وی که چرې خلق د هغه په سیاق سباق پوهه شی. د تعلماتو د اعلان یو اهم تاثر دا لازمی راوستل دی چه په اوریدونکو کښې احساس بیدار کړی.

تعلیمات خورول
خپل لاسونه د څُلي نه دا چاپیره کړه لکه څنګه چه تا میګا فون نیولي وی.

- د یسوع د حکمت عملئ د دریمي مرحلي د اصولو مطابق لاندینئ ورکړي شوي خاکه اوښائ.

د دوَؤ وزرو مرغئ

یسوع مسیح فرمائ چه د بیمارئ د روغیدو او د تعلیماتو د خورولو داسي دی لکه د یوي مرغئ دوه وزري .د الوتو دپاره د دواړو ضرورت وی.

- یو رضا کار اوغواړئ.دا وضاحت اوکړئ چه دا په ډالئ کښې راکړي شوي دي او بغیر اجرته کار کوی او ته د مرض د ختمولو ماهریئ.
- رضا کار ته اووایه چه خپل دواړه لاسونه لکه د وزرو خوارۀ کړی.وضاخت اوکړئ چه د هغه ښي لاس د تعلیماتو ورکولو ډیر مظبوط دي ، خو ګس لاس د کمزوري دي،(هغه ته اووایه چه خپل ګس لاس د ښی لاس نه وړوکي کړی)
- خپل دواړه لاسونه د وزرو په شان خوارۀ کړه.دا وضاحت اوکړه چه ستا ګس لاس مرض لري کولو کښي طاقتور دي،خوستا ښي لاس کمزوري دي.ته تعلیماتو خورولو کښي کمزوري یی.رضاکار ته اووایه چه په خپل مضبوط او کمزوری وزرو باندي والوزه.ته هم هغه شان اوکړه. دواړه تاسو په دائره کښي ګول چکر او وهئ.

،،که چري مونږ په شریکه کار اوکړو نو نتیجه خومره پوري بدلیدي شی.،،

- خپل کمزوري لاس د رضاکار د کمزورى لاس سره یو ځای کړه.

،، هر کله چه مونږه طاقت یو ځای کړو او اوګه په اوګه کار کوؤ نو مونږ الوتي شو.،،

- ته او رضاکار خپل مضبوط وزرونه یو ځای کړئ او بیا د کمري چار چاپیره والوزئ.

د یسوع د منصوبي څلورمه مرحله څه ده؟

لیوک 10:10-11 –خو چه کله مونږ یو قصبي ته ننوځو او مونږ ته هر کلي او نه وئیلي شی نو دهغه کوڅو ته لاړ شئ او اووایئ ، تر دِ پوري چه ستاسو د کوڅو ګرد غبار زمونږ پښو پوري لګی مونږ به ستا سو خلاف لري کوو. په د پوهه شئ :چه د الله پاک بادشاهی نزدي ده.

4. د نتیجو جانچ پړتال اوکړئ او ځای کړئ.

جانچ پړتال اوکړئ چه هغوي څنګه جواب در کوی.(10،11)

په هر قسمه مشن کښي د لوي کامیابئ کنجی د جانچ پړتال پوهه ده.په دِ مرحله کښي،یسوع مسیح مونږ ته دا ښائ چه د خلقو د راوستلو د ذریعي تجزیه اوکړه،او بیا خپلي منصوبي ټیک کړئ.

بعضي وخت خلق جواب نه ورکوی ځکه چه هغوی په پیغام نه پوهیږی او مونږ ته د دِ صفا کول پکار دی.ځنی وخت کښي

خاق جواب نه ورکوی ځکه چه هغوی د ژوند په ګناهونو کښي اخته وی، پس مونږ له هغوی ته د الله پاک معافئ ښودل پکار دی.تر اوسه چه کوم حصولی نه کوی نه نو د هغي وجه په تیر وخت کښي د تجربي کمی ده،او مونږ هغوي د ميني په ذريعي سره د الله پاک خاندان ته واپس کولي شو.يو وخت راځي،خو خير ،هر کاه چه مونږ د دخلقو د دماغو جانچ پړتال اوکړو او مونږ د دوی سره کار کوؤ او منصوبه به د دوی مطابق په ځائ کوؤو.

د يسوع مسيح د منصوبي يو اهمه مرحله فيصله کول دی د شروع کولو نه وړاندي به د نتيجي جانچ پړتال څنګه کوؤ.

- د خپل يسوع مسيح د منصوبي په دويم کالم کښي ليکلی په د مشن يا وزارت کښي کومه کاميابی په نظر راځی. د هغوي جواب جانچ پړتال به څنګه تاسو کوئ؟

د نتيجو جانچ پړتال.
خپل د لاس تلی د ترازو د يو شان کولو دپاره وړاندي اونيسه.ترازو ښکته او بره کړه ديو سوال سره کوم چه ستا د مخ نه ظاهريږی.

هغوي پريږده چه څوک جواب نه درکوی.

د يسوع مسيح د منصوبي اخری مرحله د ډيرو خلقو دپاره ګرنه ده.مونږ له هغه ځائ يا د وزارت کار پريخودل پکار دی چه کله خلق څه جواب نه راکوی.ډېر ځله ، مونږ دا يقين ساتو چه چه تبديلی به راشی.مونږ اميد ساتو کله چه د تلو وخت راشی.

،،د مشن د حکمت عملئ يوه حصه ده چه د کار کولو کله فيصله کيږی نو د تلو وخت راشی.څوک وائ چه زر دا ځائ پريږدو،ځنی وائ په ارام سره.دوستی پريښودل کله هم اسان کار نه دي،خو دا اهم خبره ده ياد لرئ چه يسوع مونږ ته دا حکم راکوی چه ذائ پريږدئ کله چه خلق جواب نه درکوی.

تولګی شروع کول

تاسوته څومره وخت ورکول غواړی د فیصلي د کولو نه مخکښي چه خلق تاسو ته جواب در نه کړ.یوه میاشت یا یو کال؟د هر وزارت سنبهالخت یو بل نه جدا دي.حقیقت دا دي چه ډیر خلق د ډیر وخت پوري قیام کوی او بل ځاي کښي دالله پاک رمت نه محروم شی ځکه چه دوی د یسوع د منصوبي د اصولو تابعداری نه کوی.

- د یسوع د منصوبي په دویم کالم کښي لیکلي تاسو له څومره وخته پوري هلته قیام کول پکار دی دالله د مشن د پوره کولو دپاره.که چري دخلقو دا تولګي د تعلیماتو طرف ته پوره توجه نه ورکوی نو بیا به بل کوم ځائ نه شروع کوې؟

که چري څه نتیجه نه راځی نو پریږدئ او په مخه ښه اووائ.

یاد ګاری باب

لیک-10:9-
دمرض نه د جوړیدو ،هلته څوک دی او هغوی ته اووایه،چه دالله بادشاهی نزدي ده.،،

- هر یو د پاسی او دا یادګاری باب د لس ځله په شریکه اووائ. ړومبی شپږ ځله دِ د بائیبل یا د طالب علم د نوټ بک نه اووائ.اخری څلور ځل د دا باب په یادو اووائ. دباب ویلو نه د وړاندي هره پیره د باب حواله ورکړی او چه کله ختم شی نو بیا د کینی.
- په د طریقه تربیت ورکونکی پیژنی چه کوم یو تولګی سبق د مشق سره په د حصه کښي ختم کړو.

مشق :-

- لیډران په څلور تولګو کښي تقسیم کړئ.هغوی ته اووایه چه د دِ لیډر شپ د سبق دپاره د تربیت اصول استعمال کړی.

- ليډران د دِ تربيت د طريقي مطابق پوړئ په پوړئ ځی،او د لاندينی حصي دپاره ورته د (8-7) منتو پوري وخت ورکړئ.

ترقی :-

د دِ مرحلي کومه حصه ستا د ټولګی منلو د پاره ډيره أسا نه ده؟

مسائل :

د دِ مرحلي کومه حصه ستا د ټولګی منلو د پاره ډيره ده؟

منصوبي:

هغه کوم يو کار دي چه په راتلونکو (30) ورځو کښي ته خپل ټولګی ته شروع کوي او يسوع د منصوبي د دِ مرحلي تابعداری به کوي.

- هر يو کس له پکار دی چه د يو بل منصوبي ياد او ساتی ګرانه چه روستو بيا هغوی خپلو ملګرو له دعا اوکړي شی.

مشق :-

هغه کوم يو کار دي چه په راتلونکو (30) ورځو کښي هغه ته په خپل ټولګی کښي وده ورکول غواړي اود يسوع د منصوبي د دِ مرحي تابعداری کول غواړي؟

- هر يو کس له پکار دی چه د خپل ملګری ورکړي شوي کار ريکارډ کړی چه روستو بيا هغوی خپلو ملګرو له دعا اوغوښتي شی.

- لیډران دِ پاسی او د ا یادګاری أیات دِ 10 ځل په یو ځاي اووائ روستو د هر یو کس په مشق کښي د خپل مهارت ښودنه اوکړی.

دعا:

- د یو بل د منصوبو د پاره په د عا ګانو کښي وخت تیر کړئ. الله پاک به د ټولګو په پرمخ تګ کښي او په کمزورو علاقو کښي د مضبوط والی د پاره مدد کوی.

اختتمام

زما د یسوع منصوبه

- ټول لیډران دِ حصه اخستونکی طرف ته مخ واړوي او هغوي دِ د یسوع منصوبي طرف ته مائله کړي.

د دِ وخت د خپلو نوټس په استعمال سره د خپل یسوع د منصوبي ړومبي خانه ډکه کړئ-ته به خپل کار څنګه کوي؟ دا خاص وضاحت اوکړه چه Luke 10 کښي به د یسوع مسیح د وزارت د اصولو مطابق څنګه پیروی کوي.

9

ټولګی زیات کړئ.

په الله پاک د مضبوط یقین ساتلو په نتیجه کښي مثالی او صحت مندي ګرجي ،تعلمات خورول ،مریدان جوړول،ټولګی شروع کول، او لیډرانو ته تربیت ورکول شامل دی.زیات تر لیډرانو ګرجي نه دی شروع کړي خو،او نه ورته دا پته شته چه چه شرع به څنګه کوي.،،ټولګی زیاتول ،،د یو خوودل او په هغه ځاي کښي ټولګی شروع کول چه د ګرجو سبب جوړیدي شی.د عمل په کتاب کښي،یسوع مونږ ته حکم راکویی چه په مختلفو علاقو کښي ټولګی شروع کړئ.هغه فرمائ چه په ښار کښي او په کوم ځاي کښي چه مونږ اوسیږو ټولګی شروع کړئ.بیا، هغه فرمائ چه نوي ملګر تیا په خواؤ شا علاقو کښي ،او مختلف ثقافتی ټولګی په هغه ځائ کښي په کوم کښي مونږ اوسیږو شروع کړئ.په اخره کښي یسوع مونږ ته حکم راکوی چه لري ځایونو ته لاړ شئ او د دنیا هر ثقافتي ټولګو ته اورسئ. تربیتیان د لیډرانو ته حوصله ورکړی چه دیسوع زړۀ دټولو خلقو دپاره قبول کړی،او د یروشلم ،جودیا،سماریااو د دنیا اخری ګوټ ته د رسیدو منصوبي سازي کړی. لیډران د دا ذمه داریٔ د یسوع منصوبي کښي شاملي کړی.

د عمل کتاب کښي هم دا بیان شوی دی چه د ټولګو د شروع کوونکو څلور قسمه دی.پیټر،او پاسټر د کارنیلس په کور کښي د ټولګو په شروع کولو مدد کوی.پاول چه یو پیشه ور کس نه دي د ټولګو شروع

کولو دپاره د ټول روم سلطنت سفر کړي.پرائسيله او اقويله د خپلو تجارتونو مالکان دی، هغه ځاي کښې ټولګۍ شروع کوی کوم ځاي چه د هغوی کاروبار سمي خوری.ازار شوی خلق د اتم ايکټ مطابق خوارهٔ شوياو هر هغه ځاي ته چه هغوی تلی ټولګۍ شروع کړی.په د سبق کښې،ليډران د خپلې موثر چپې په ذريعه هغه ممکنه ټولګۍ پيژنی، او هغه د يسوع منصوبې سره يو ځې کوی. وخت په تقرير سره اختتام ته رسی چه د ګرجو د شروع کولو دپاره د بينک د ټولو نه غټ اکاؤنټ ته ضرورت دي.زياتي ګرجي په کورونو کښې د معمولی خرچونو سره شروع کيږی سوا د بائيبله.

تعريف

- دوه عبادت کونکی د ا سندره په يو ځاي اووائ.ليډر ته د وخت د دعا دپاره اووائي.

ترقی

- د تربيت ليډرانو کښې يو بل ليډر ته اووايهٔ چه د دري 3 منټو دپاره حلفيه بيان تير کړی چه الله پاک څنګه ټولګو ته ترقی ورکوی.د دِ خلفيه بيانولو نه پس ټولګۍ ته اووايه چه د هغه/ هغي د پاره دعا اوکړی.
- تربيتی وخت يوه نمونه جوړه ولو دپاره يو ليډر ممکنه طريقي استعمالوی،ترقي،مسائل،منصوبه،مشق،دعا،يو رهنما د تربيت نمونه ګرزوی.

مسائل

د مخکښې نه موجود ټولګي يا د يوي ګرجي مشری کول څه اسان کار نه دي.د يوبل ټولګی يا د يوي ګرجي د شروع کولو سوچ ناممکنه ښکاری.د ګرجي شروع کولو په کوشش کښې به لګه پيسه،وخت او خلق څنګه استعماله وي. يسوع ته

زمونږ د نګرانۍ د ضروریاتو پته ده،بیا هم مونږ ته حکم دي چه نوي ګرجي د شروع کړي شی.

یو بله مسلۀ مونږ ته دا راپیښه ده چه کله تولکو یا د ګرجو شروع کول وې نو په حقیقت کښي زیات عقیدت مندو چرته هم دتولګی یا د ګرجي شروع کیدو کار نه وې کړي. پاسټرز،لیډرز،کاروباری خلق او د ګرجي ممبران په خپلو دماغو کښي د یو حقیقی ګرجي تصویر ساتی.دا زیات تر اکثر د ګرجو د شروع کولو په وخت ترجمه کیږی چه بلکل د مادری ګرجو په رنګ وی،خو دا ګرجي تقریبا په ګرانتئ سره ناکماه کیږی.

منصوبه

" تاسو ته یاد دی چه مونږه دا خبره کړي وه چه د 5،000 نه 40،000 عقیدت مندو ته څنګه رسو؟ د دغي تعداد د رسیدو کنجی دا ده چه هر یو عقیدت مند د یو نوي تولګي ششروع کړی.په د سبق کښي ، مونږ د هغه څلورو علاقو باره کښي زده کوؤ کومو علاقو کښي چه به مونږ تولګی شروع کوؤ. بیا، مونږ به شناخت کوو د هغه چاور قسمه خلقو چا چه د عمل په کتاب کښي تولګی شروع کړی وو.

جائزه

پخیر راغلي

ګرجا څوک جوړه وی؟

دا ولي ضروری ده؟

یسوع مسیح خپله ګرجا څنګه جوړه کړي وه؟

- په الله پاک پوخ یقین ساته.
- تعلیمات خوارۀ کړه.
- مریدان ساز کړه.
- تولګی او ګرجي شروع کړه.
- لیډرانو ته ترقی ورکړه.

1 کورینتهینز 11:1- زما پیروکار جوړ شئ، ځنګه چه زهٔ د یسوع مسیح یم (این اي ایس)

د یسوع مسیح په شان تربیت ورکړئ.
بیسوع مسیح لیډرانو ته ځنګه تربیت ورکړي؟
ترقی
مسائل
منصوبي
مشق
دعا

لوک ایي. یو پیروکار په مرتبه د خپل استاد نه اوچت نه وی خو که مکمل تربیت یافته وی 04:6 نو بیا د خپل استاد په شان وی.(ایچ سي ایس بی)

د یسوع مسیح په شان رهنمائ اوکړه
یسوع مسیح به چاته عظیم لیډر وائ؟
د عظیم لیډر اووهٔ لوي خوبیاني څه چه دی؟
عظیم لیډران د خلقو سره مینه کوی.
عظیم لیډران خپل مشن پیژنی
عظیم لیډران د خپلو مریدانو خدمت کوی
عظیم لیډران په مینه سره پوهه ول کوی
عظیم لیډران د تولګو مسائل پیژنی
عظیم لیډران د پیروئ دپاره ښهٔ ښهٔ مثالونه ورکوی
عظیم لیډرانو ته پته وی چه هغه خوشحاله دي.

جان 13:14-15 –اوس زهٔ ستا ملک او استاد یم، ستاسو پښي مي اووینځلي، اوس تاسوله هم پکار دی چه د یو بل پښي اووینځئ، ما تاسو ته یو مثال پریښودو اوس تاسو له هم پکار دی چه زما په شان اوکړئ.

مضبوط اودريږئ

کوم شخصيت الله پاک تاسو ته درکړي دي؟

- سپاهی
- متلاشی
- نگران
- محرک
- ځوی/لور
- پادری
- خدمتگار
- منتظم

الله پاک د شخصيت کوم يو قسم زيات خوښه وی؟

د شخصيت کوم قسم ښهٔ ليډر جوړه وی؟

رومنز12:4-5 - زمونږ هر يوکس يو بدن دي د ډيرو نمائنده گانو سره، او د ټولو نمائنده گانو يو کار نه دي.پس په عسائيت دډيرو کسانو يو بدن وی.او هر نمائنده باقي ټولو سره جوړ وی.

مضبوط اتحاد:

په دنيا ولي اته قسمه خلق دی؟

يسوع مسيح ته څه خوښ دی؟

- سپاهی
- تلاش کونکي
- حفاظت کونکي
- محرک
- ځوی/لور
- پادری
- حخادم
- د خادمانو نگران

مونږ کومي دري خوښي استعالولي شو چه کله چه اختلاف پيدا شی؟

- تيښته
- يو بل جنگ
- خدائ جذ به تلاش کول او يو ځاي کار کول

ګلیتینز 2:20- زه په عسائیت خپل ځان ورکوم اودا ډیره لري نه چه زۀ ژوندي پاتي شمخوعسئیت به همیشه په ما کښي ژوندي وی.(این اي ایس)

تعلیمات خوړول:

زۀ به عام تعلیم څنګه خوروم؟

سرو رنګي تسبیح

أسمانی رنګي تسبیح

شني تسبیح

توري تسبیح

سپیني تسبیح

سري تسبیح

مونږته د یسوع د امداد ضرورت ولي دي؟

یو کس هم دومره ښکلي نه دي چه الله پاک ته واپس شی .

یو کس هم د الله په لار کښي دومره ورکړه نه شی کولي چه الله پاک ته واپس شی

یو کس هم دومره مضبوط نه دي چه الله پاک ته واپس شی.

یو کس هم دومره ښه نه دي چه الله پاک ته واپس شی.

جان 14:6- د یسوع مسیح جواب: زۀ لاره یم د خقیقت او د ژوند. څوک هم پلار ته نه شی تلي بغیر زما نه.

مریدان جوړول

د یسوع دمنصوبي ړومبئ مرحله څه ده؟

خپل ځان تیار کړئ

جوړه ځئ.

هلته لاړ شئ کوم ځاي چه یسوع کار کوی.

د فصل د پټی نه د لیډانو ته دعا اوکړئ.

په انکسارئ سره ځئ.

په الله یقین ساتئ په پیسه نه.

سیدها هغه ځاي ته لاړ شي کوم ځاي نه چه درته اواز کیږی.

ليوک 10:2-- هغه هغوی ته اووئيل :فصل ډير
زيات شوي دي خو مزدوران کم دی.د فصل
مالک ته اووايه چه د دِ پټی فصل د پاره نور
مزدوران راواستوی.

ټولګی شروع کول
د يسوع د منصوبي دويمه مرحله څه ده؟
دوستئ ترقيورکړئ.
امن پسند کس تلاش کړئ. خورئ
او څښئ هر څه چه هغوی تاسو درکوی.
د يو کور نه بل کور ته مه ځئ.
ديسوع د منصوبي دريمه مرحله څه ده؟
ښۀ خبر خور کړئ.
د مرض روغيدل اوکړئ.
دتعليماتو اعلان اوکړئ.
ديسوع د منصوبي څلورمه مرحله څه ده؟
د نتيجو جانچ پړتال اوکړئ او ځاي کړئ.
جانچ پړتال اوکړئ چه هغوی جواب څنګه
درکوی.
پريږدئ که چري هغوی جواب نه درکوی.

ليوک 10:9——د مرض روغ کړئ هلته څوک
دي هغوی اووايي،د الله پاک بادشاهی نزدي ده.

هغه څلور ځايونه چرته دي کوم ځاي کښي چه يسوع خپل عقيدتمندو ته د ټولګو شروع کولو حکم کړي دي؟

ايکټس 1:8-
تاکښي به طاقت راشي،هر کله چه تاته روح پاک راشی:او
ته زما په يروشلم او ټول جوديه او سماريه او د دنيا اخرى
حده پوري ګواه ي.

1. يروشلم

" يسوع خپلو شاګردانو ته فرمایلی چه تولګی بلکل په هغه ښار کښي شروع کړئ کومځاي دوی د ثقافتی تولګو سره اوسيګی. کله چه مونږ دهغهٔ مثال پسي شو،نو مونږ به په ښارونو کښي نوی تولګی او چرچونه شروع کړو چرته مونږ اوسيږو.

- د يسوع د منصوبي په دريم کالم کښي ، کوم ځاي چه ته اوسيږي د ښار د هغه ځاي نوم په کوم کښي چه تاته د نوی تولګی یا د ګرجي ضرورت دي.يو ساده بيان اوليکه د هغي باره کښي چه دا به څنګه راځی.

2. جوډيا:

يسوع خپل پيروکارو ته اووئيل چه په هغه علاقه کښي تولګی شروع کړئ کوم ځاي کښي چه دوی اوسيږی. د يروشلم ماحول د يو ښار اوو،ولي جوډيا د اسرائيل يوه کلي والا حصه وه.د جوډيا د خلقو ثقافت هم هغه اوو کوم چه د پيروکارو اووږ. د يسوع د حکم په تعميل کښي مونږ په به په دغه کلي والا علاقه کښي نوي تولګی او ګرجي شروع کووکوم ځاي چه مونږ اوسيږو.

- ديسوع د منصوبه بندئ په دريم کالم کښي د دغه علاقي د يو ذاسي نوم اوليکئ کوم ځاي چه تاسو اوسيږئ او چاته چه د يو تولګی یا د ګرجي حاجت وی. د هغي يو مختصر شان وضاحت اوکړئ یا يي نقشه جوړه کړئ چه دا به څنګه کيږی.

3. سماريا :

دريم، يسوع خپل پيروکارو ته يو حکم جاری کړي اوو چه په مختلف ښارونو کښي چرته چه د مختلف ثقافت او مختلف مذهبی عقيدو والا اوسيږی هغه ځاي کښي تولګی شروع

کړئ. يهوديان د سماريا د خلقو نه نفرت کولو. د هغوی د نفرت باوجود يسوع خپلو پيروکارو ته حکم او کړو چه په سماريا کښې د ښو خبرو پرچار اوکړئ، هغه ځاې کښې نوی ټولگی او گرجي شروع کړئ. د يسوع د حکم په تعميل کښې مونږ. په د خوا او شا ښارونو کښې ټولگی او گرجي شروع کوؤ،اگر چه زمونږ. د تهذيب او رسم ورواج نه مختلف دی.

- د خپل يسوع د منصوبه بندې دريم کالم کښې په يو ښار کښې د مختلفو ځايونو نومونه او ليکې چه د مختلف رس ورواج سره تعلق ساتی او چا ته چه د ټولگو او گرجو ضرورت وی.او د هغې بيا يو مختصر شان وضاحت اوکړې چه دا به څنگه کيږی.

4. لرې لرې پورې

اخر،يسوع خپل پيروکار ته د يو خاص کار حکم اوکړو چه په ټوله دنيا کښې د هر قسم تهذيب او رسم ورواج ولا کښې ټولگی شروع کړئ.د دِ حکم د نمونې په طور سر ته رسولو دپاره د نوی تهذيب او رسم و رواج،او د نوې ژبې د زده کړې حاجت دې. مونږ. د دِ حکم تعميل کوؤ. کله چه مونږ. د خپلې گرجې نه د نوی ټولگو او گرجو شروع کولو دپاره بهرنی ملکونه ته عيسائ تبليغيان ليگو.

- د خپل يسوع د منصوبه بندې دريم کالم کښې په يو ښار کښې د مختلفو ځايونو نومونه او ليکې چه د مختلف تهذيب سره تعلق ساتی او چا ته چه د ټولگو او گرجو ضرورت وی.او د هغې بيا يو مختصر شان وضاحت اوکړې چه دا به څنگه کيږی.

د تولګی یا د ګرجي د شروع کولو دپاره ځلور طریقي کومي کومي دی؟

1. پیټر

ایکټس 10:9-
بله ورځ چه ځنګه د کارنیلس پیغام رسان چه کله کلی ته نزدي شو،نو پیټر د دعا دپاره چهت ته بره اوختو.او دا غالبا د غرمي وخت اوو.(این ایل ټی)

پیټر په یروشلم کښي ګرجا قایمه کړه.کارنیلس هغۀ ته اووي چه جوپي ته راشه او دیسوع د ښۀ خبرو پرچار اوکړه.کله چه پیټر د کارنیلس کور والوؤ ته تبلیغ او کړو نو هر یو یسوع او منو،او د خداي خاندان ته واپس شواو یو نوی تولګي شروع شو.

د یو نوي ګرجي شروع کولو طریقه دا دهچه اول د د مخکښي نه موجود ګرجي رهنماي اوشی، او بیا د دنوي ګرجي د شروع کولو دپاره یو مختصر بامقصده چکر اووالي شی .دغه شان دګرجي د بنیاد دپاره عموما دري هفتي لګی.

- د خپل یسوع د منصوبه بندئ په ځلورم کالم کښي یو داسي پادری نوم اولیکئ چه هغه تاسو پیژنئ او د یوي نوي ګرجي په شروع کولو کښي تاسو سره مدد کولي شی.یو مختصر شان نقشه جوړه کړي چه داسي به ځنګه کیږی.

2. پاول

ایکټس 13:2-
په دغه وخت کښي کله چه هغۀ د خپل اقا خدمت کولو او روژي یي نیولي وي. مقدس روح اووئیل، چه زما د پاره ،بارناس، او ،ساول، ځان له کړه د هغه کار دپاره د کوم دپاره چه ما ورته وئیلی دی.

پاول او بار ناباس په انتی اوچ کښي د ګرجي رهنما اوو. خداي هغه د عبادت دوران کښي د لري لري علاقو کومي چه د هغه د رساي قابو کښي نه وي په هغي کښي ورته د عيسائيت دتبليغ کار حواله کړو. د حکم تعميل سره هغۀ په ټول رومی سلطنت کښي ټولګی او ګرجي شروع کړي.

يوه بله طريقه د ټولګو او ګرجو شروع کولو دا ده چه رهنما د عيسائيت د تبليغ دپاره نورو ملکونو ته اوليږه.دا عيساي تبليغيان د نوې عقيدت مند راجمع کړی او نوي ټولګی او ګرجي د شروع کړی.عام طور دا کار د يوې نه تر دري (3-1)مياشتو پوري وخت اخلی.

- د خپل يسوع د منصوبه بندئ په څلورم کالم کښي يو داسي پادری نوم اوليکئ چه هغه تاسو پيژنئ او د يوي نوي ګرجي په شروع کولو کښي تاسو سره مدد کولي شی.يو مختصر شان نقشه جوړه کړې چه داسي به څنګه کيږی.

3. پريسيلا او اکويلا

کورينتهينز 16:19-
د ايشياء د صوبو ګرجي تا ته سلا م کوی. اکويلا او پريسيلا به تاته په لارډ کښي ډير د زړۀ داخلاصه هر کلي وايي ځکه د ګرجي د پاره هغه هر څه اوکړه کوم چه تاته د هغوی د کوره ملاويږی.

پريسيلا او اکويلا په ګرجه کښي کاروباری خلق اوو.هغوی هلته کوم ځاي چه هغوی اوسيدل او کار يي کولو ټولګی او ګرجي شروع کړي.څنګه چه د هغوی په کاروبار کښي ترقی اوشه او يو ځاي نه بل ځاي ته لاړل نو هغوي په هغه ځاي کښي نوی ټولګی او ګرجي شروع کړي

د کاروباري کسانو د پاره د ټولګو يا ګرجو د سروع کولو دريمه طرقه دا ده چه هغوی دِ يو ټولګي جوړ کړی چه د هغوی په هکو کښي ګرجي جوړي شی. که چري کاروباری

عيسائيان خلق يو داسي ځاي ته لاړشی چه کوم ځاي کښي يوه ګرجا هم نه وی.دوی دِ تولګی شروع کړی او دا کار عموما يو کال نه دري کاله پوري اخلی.

- د يسوع د منصوبه بندی په څلورم کالم کښي د هغه کاروباريانو خلقو نومونه اوليکئ چه د ګرجي په شروع کولو کښي امداد کولي شی.يوه مختصر شان نقشه جوړه کړئ چه دا به څنګه کيږی.

4. مذهبی اختلاف

ايکټس 1:8-
او سال دهغه ګواهانو نه يو ګواه دي او هغه د ستيفن په مرګ مکمل طور باندي راضی وو.په هغه ورځ د اختلاف يو ډير غټه چپه راغله او په يروشلم کښي تولي ګرجي د ځان سره يوړي. او تمام عقيدت مند علاوه د هغه عيسائي تبليغيانو نه کومو چه په جوديا او سماريا د تبليغ په کار کښي خوارهٔ وو.(اين ايل ټی)

د قانون په کتاب اخری خلق کومو چه تولګی او ګرجي شروع کړي وي هغه اختلافی عقيدت مند وو.د يروشلم نه ډير عقيدت مند او تبنتيدل کله چه ،ساول ، د ګرجي د اختلاف په بنيار زياتي شروع کړو.هغوی په ټوله جوديا او سماريا کښي ګرجي شروع کړي.مونږ ته پته ده چه دا به مسيح وی، ځکه چه عيسايي عقيدت مند روستو بيا هغه ځاي ته تلی ووکوم ځاي کښي چه د وړاندي نه ګرجي وي.

په اخری طريقه کښي نوی تولګی او ګرجي جوړيدي شی هغه اختلافی عقيدت مند چه خامخا يوي قصبي ته منتقل شوی وی.که چري يو تولګي يا ګرجا نه وی نو نوی راتلونکی عقيدت مند دِ يوه نوي ګرجا شروع کړی.ديو تولګی يا د ګرجي د شروع کولو دپاره چاته د راهب د ډګرې د ورکولو ضرورت نه شته. دا صرف د يسوع سره د وفادارۍ او او د

یو داسي زړه ضرورت دي چه د هغوی د احکاماتو تعمیل اوکړی.

- د خپل یسوع د منصوبه بندئ په څلورم کالم کښي د داسي کسانو نومونه اولیکئ چه هغه تاسو پیژنئ او د یوي نوي ګرجي په شروع کولو کښي تاسو سره مدد کولي شی.یو مختصر شان نقشه جوړه کړئ چه داسي به څنګه کیږی.

یاد ګاری باب/ایت

ایکتس 1:8-
چه کله یو مقدس روح یا وحی په تاسو راځي نو تاسو ته به طاقت ملاویږی او تاسو به په یروشلم او ټول جودیا او سماریا کښي تر د پوري چه په ټوله دنیا کښي به زما ګواهان یي.

- هر یو اودریګی اد یادګاری باب لس ځله په شریکه وائ. ړومبی شپږ ځله د بائیبل یا د ستوډنټ کاپئ نه لوستل لازمی دی.اخیری څلور ځله هغوی په یادو وائ. د باب د دوباره وئیلو نه مخکښي هر ځل د باب حواله ورکړئ او چه کله ختم شی نو بیا کینئ.
- د دِ عادات خپلولو سره تربیت حاصلولو ته مدد ورکوی او کوم یو ټولګی د مشق حصه کښي سبق ختم کړو.

مشق

- لیډران د څاورو کسانو په ټولګو کښي تقسیم کړئ او هغه ته اووایي چه د تربیتی طریقه کار د رهنماي والا سبق نه شروع کړی.
- لیډران په یویو عمل نه تیر کړئ،هغوي ته اووۀ،أتۀ منټه د خبرو کولو دپاره ورکړئ چه لاندینی څیزونه اوګوری.

ترقی

د ټولګی یا دګرجو په شروع کولو چه تاسو کومه وړاندی والي کړي دي هغه د یو بل سره واړه وئ. په څلور مختلف ځایونو کښي څلور ابتدا کونکو نه شروع کړئ.

مسائل

په څلور مختلف ځایونو کښي څلور ابتدا کونکو ته د ټولګو یا د ګرجو په شروع کولو کښي چه کومي مسلي مخي ته راغلی دی هغه د بیان کړی.

منصوبه

دوه هغه کارونه کوم چه به ته د ټولګی د رهنما په طور راتلونکو دیرش ورځو کوي، او د کومي نه چه ستا ټولګی ته د ټولګی یا د ګرجي شروع کولو کښي مدد ملاویږی. بیان کړه.

- هر یو د یو بل منصوبه یاده ساتئ چه روستو بیا د خپل ملګری د پاره دعا اوکړي شئ.

مشق

د یو کار وضاحت اوکړئ کوم چه په راتلونکو دیرش ورځو ته په خپله علاقه کوي چه ستا رهنماي ته ترقی ورکولو مدد درکړی.

- هر یو د خپل ملګری مشق محفوظ کړئ چه بیا د هغهٔ د پاره دعا اوکړي شئ.
- هر کله چه هر یو د خپل مشقونو دهنر مندی مظاهره اوکړی نولیډر د په یو ځاي دا اهم ایت لس ځل اولولی.

دعا

- د يو بل د منصوبو دپاره دعا اوکړئ او د هغه هنر د پاره کوم چه تاسو په راتلونکو ديرش ورځوکښي د خپل ليډرشپ د ښهٔ کولو د پاره دمشق په طور کوئ.

اختتام

د نوي ګرجي په جوړولو به څومره خرچه راځی؟

د نوي ګرجي په جوړولو کښي کوم کوم څيز لګی؟ راځئ چه يو فهرست جوړ کړو.

- په يو سپين بورډ باندي يو فهرست جوړ کړئ څنګه ساګردان د سوالونو جوابونه ورکوی.د خبرو اترو او د بحث مباحثي اجازت ورکړئ. د مثال په طور که چري يو کس اووايي چه ،،يو عمارت،، نو باقيساګردانو نه تپوس اوکړئکه چري يو عمارت د ګرجي شروع کولو دپاره ضروری وی.

اوس زمونږسره د يوي ګرجي شروع کولو دپاره فهرست موجود دي ، راځئ چه د هر څيز قيمت او لګوؤ.

- فهرست راواخلئ او دشاګردانو نه د هر يو څيز د قيمت په حقله اندازتاً تپوس اوکړئ، زده کونکو ته حوصله ورکړئ چه هغوی بحث اوکړی او د هر يو لاين د پاره يو قيمت باندي راضی شی.په طور باندي يو ټولګي به دا فيصله کوی چه د يوي ګرجي ه شروع کولو هيڅ خرچه هم نه راځی. يا زيات نه زيات دومره خرچ چه يو انجيا پري اخستي کيدي شی.

د دِ مشق مقصد و هغه خلقو دپاره خطاب دي چه کوم خلق د ګرجو په شروع کولو په منصوبه بندئ کښي خطا کيږی. هغوی سوچ کوی چه د يوي ګرجي د شروع کولو دپاره د

زیات رقم وی زیات تر ګرجي د کورونو نه شروع کیږی چه په هغي باندي زیاته خرچه نه راځی، تر دي چه ډیري غټي ګرجي نن صبا په کورونو کښي شروع کیږی. عقیده ، امید او مینه، بس د یوي ګرجي د شروع کولو دپاره ضروری ده نه چه د بینک یو غټ اکاؤنټ. زما د یسوع منصوبه

ټولګی زیات کړئ

- لیډرانو ته اووایي د شرکت کونکو رهنماي ؤؤ د یسوع منصوبه ،، والا صفحي نه اوکړی.

،، په راروان سیشن کښي به د یسوع منصوبب یو بل ته پیش کوؤ.د یسوع د منصوبو دپاره چه وخت اوباسه،او سوچ اوکړه چه ته به دا ښنګه یو جماعت ته وړانوی کوي. هر کله چه دا ختم کړئ نو بیا د راتلونکی سیشن د پاره د الله د رحمت حاصلولو د پاره سوال اوکړئ.

یوبله عام پوښتنه.

تاسو به ښنګه د یو تربیتی مرحلي دوران کښي د بي تعلیمه خلقو سره کار کوئ.

د یسوع د اطاعت ټرننګ مختلف د ټیچنګ اشتهارات خوانده او ناخوانده د مدد دپاره استعمالوی او خلق هغه څه یاد ساتی کوم چه هغوی زده کړی وی.زمونږ د تجربي مطابق دواړه ټولګی یو شان د تربیت نه مزي اخلی او فائدي تري اوچته وی.مونږ د لاسونو په اشارو زیاته رنړا اچوؤ کله چه ناخوانده ته تربیت ورکوو. د ایشیاء په خینی تهذیو کښي ښځي تعلیم نه حاصله وی او دربمي درجي مرتبه لری. دغه شان ښځ د تربیت حاصلولو نه روستو،هغوی مونږ ته په ژړا سره ځان را رسولوي.تاسو ،،مهرباني،، هغه وائ ،ځکه چه د لاسونو د اشارو نه مونږه په زده کړه کښي مدد واخستو،او اوس مونږه دیسوع تابعداری کولي شو.

د ناخوانده ټولګی په ستنګ کښي، عام طور باندي صرف یو کس د ټولګی لوستل کولي شی. په عام طور،مونږ ډِسړی ته وایو چه و ټول ټولګی دپاره په اوچت اواز تعلیمات ولولی. ځینی وخت مونږ لیډر ته وایو چه چه تعلیمات دوه یا دري ځل اوواي چه دا یقین راشی چه ټولګي پوهه شو.که چري مونږ ته د وخت په شروعات کښي پته اولګی چه ټولګي ناخوانده دي، نو بیا مونږه د بصري او صوتی موادو انتظام د هر سیشن دپاره کوو.

ټیلی ویژن او ریډیو نه نا خوانده خلق ډیر زر متأثره کیږی، تر د چه لري باندي هم.د دِ غلطئ قطأ سوچ هم مه کوئ چه تاسو به ناخوانده زده کونکو ته سبق بار بار ښايي. که چري زده کونکی په سبق ړومبی ځل نه پوهیږی، نو هغوی ته تربیت ورکړئ او نور وخت ورکړئ، او هلته بیا د جائزي دپاره بصری یا صوتی مواد پریږدئ چه کله تاسو نه یي. زیاتو ځایونو کښي کم از کم یو عوامی ډی وی ډی یا وی سی ډی پلیر ساتل پکار دی.ایم پی تهری پلیر خو ډیر په اسانه ملاویږی او بیټرئ هم چلولي شی.

خداي به ډیر داسي زده کونکو باندي رحم کوی کومو ته چه تاسو صوتی او بصری مواد پریښی.که چري تاسو چرته اډیو یا ویډیو رکارډنګ او کړو نو مهربانی او کړئ مونږ ته د هغي یوه کاپی په د email کړئ. Ianfam@FollowjesusTraining.com

10

د یسوع تابعداری اوکړئ

لیډرانو دستې د مشرانو تربیت په سبق کښې دا زده کړی دی چه ګرجې څوک جوړه وی او دا ولې ضروری ده.هغوی د یسوع د منصوبې پینځهٔ 5 حصو کښې ماهران شوی دی چه دنیا ته اورسی او د بو بل سره د چلولو مشقونه کړی دی. هغوی د غټ لیډر په اووهٔ7 خصوصیاتو هم پوهه شوی دی،او د مستقبل دپاره یې د تربیت ونې ته ترقی هم ورکړی ده،او دا هم پیژنی چه مختلف شخصیاتو سره به کار چنګه کوی. د هر لیډر سره یوه منصوبه ده چه د یسوع د منصوبې د لوک نمبر 10 مطابق ده. د یسوع تابعداری د لیډرشپ یوه حصې ښایې چه په محرکاتو مشتمل ده.

دوه زره کاله مخکښې ، خلقو به د یسوع تابعداری په مختلفو وجوهاتو کوله. څینی ،جیمز او جوهن خوښه وی،چه د یسوع د تابعداریٔ عقیده به دوی ته شهرت ورکړی.نورو،فاریسیز،خوښه وی،د تنقید دپاره یې دهغهٔ تابعداری کوله او خپله لوی ښکاره کړی. اوسه پورې څینی، جوده خوښه وی، جه د پیسو دپاره یې دیسوع تابعداری کوله. د پینځهٔ زرو یو لویه مجمع دیسوع تابعداری څکه کول غواړی چه هغهٔ هغوی

ته خوراک ورکړي وو چه د هغوی ضرورت وو. يو بل ګروه د يسوع تابعداری ځکه کوله چه هغوی ته دبيمارئ نه د خلاصی ضرورت وو،او صرف يو کس واوړيدو چه هغه ته شکريه اووايي.افسوس ډير خلقو د دخپل مطلب دپاره د يسوع تابعداری کړې ده چه هغۀ به هغوی له څه ورکړي شی. نن هم څه مختلف نه دي. د ليډرانو په حيثيت ، مونږ له د خپل ځان معائنه کول پکار دی او تپوس کول پکار دی ،،چه زۀ د يسوع تابعداری ولي کوم؟

يسوع دهغه خلقو تعريف کړي چا چه د هغۀ د زړۀ په مينه تابعداری کړی. د خوشبو يو ډيره قيمتی ډالۍ يو نفرت زده ښځي پيش کړه په د وعدی سره چه ما به يا د ساتی کوم ځاي چه د خق پرچار کوی. د يوي کنډي معمولی مينه يسوع ته د دنيا د ټولو خزانو نه غټ چيز دي . يسوع ډير زيات نااميده شو کله چه يو ځوان د خپلي وعدي نه منکر شو چه خداي سره د پوره پوره مينه د ږړۀ نه شم کولي. د هغه په ځاي مالدارۍ خوښه کړه. يسوع صرف د پيټر نه دا تپوس هم اوکړو د هغه سوال چه د ګواهی نه روستو ما ځان سره کړه.،، سمن، ايا ته ما سره مينه کوي؟روحانی ليډران خو د خلقو او خداي سره مينه ساتی.

دا سيشن په دِ ختميږی چه هر يو ليډر دِ د يسوع منصوبه خوره کړی.،،ليډران دِ يو بل دپاره دعا اوغواړی، په يو ځاي دکار کولو زمه داری دِ واخلی، او دخداي د شان او ميني دپاره د د نوؤ ليډرانو ته لار ښودنه اوکړی.

تعريف

- په يو ځاي دوه مذهبي سندري اووايي، ليډر/مشر ته خواست اوکړئ چه د دِ سيشن دپاره دعا اوغواړی.

ترقی

هر کله رشه
گرجا څوک جوړه وی؟
او دا ولي اهمه ده؟
یسوع خپله گرجا څنگه جوړه کړي وه؟
په الله پاک پوخ یقین ساتئ.
د یو بل سره د اسمانی صحیفو باندي خبري اوکړئ.
منونکی جوړ شئ.
ټولگی او گرجي جوړول شروع کړئ.

کورینتهینز 11:1 –زما په شان شئ څنگه چه زۀ
د یسوع په شان یم،

د یسوع په شان ښودنه اوکړئ.
یسوع لیډرانو ته څنگه ښودنه کړي وه ؟
پر مخ تگ/ترقی
مسائل
منصوب
مشق
دعا

لوک 6:40- شاگرد د استاذ نه اوچت نه دي خو
هر هغهکس چه پوره پوره زده اوکړی د استاذ
برابر دي.(ایچ سی ایس بی)

د یسوع مسیح په شان رهنمائ اوکړه
یسوع مسیح به چاته عظیم لیډر وائ؟
د عظیم لیډر اووۀ لوي خوبیاني څه چه دی؟
1.عظیم لیډران د خلقو سره مینه کوی.
2.عظیم لیډران خپل مشن پیژنی
3.عظیم لیډران د خپلو مریدانو خدمت کوی
4.عظیم لیډران په مینه سره پوهه ول کوی
5.عظیم لیډران د ټولگو مسائل پیژنی

6.عظیم لیډران د پیروئ دپاره ښهٔ ښهٔ مثالونه ورکوی
7.عظیم لیډرانو ته پته وی چه هغه ته بخشش شوي دي.

جان 15-13:14- اوس زهٔ ستا ملک او استاد یم، ستاسو پښي مي اووینځلي، اوس تاسوله هم پکار دی چه د یو بل پښي اووینځئ، ما تاسو ته یو مثال پریښودو اوس تاسو له هم پکار دی چه زما په شان اوکړئ.

غټي مرتبي:
تاسو ته الله پاک کوم شخصیت درکړي دي؟
فوجی ،
کتونکي ،
ګډبه ،
کرونده ګړي،
څوی یا لور،
صوفی،
خدمت ګار،
نوکر.
خداي کوم قسم شخصیت ډیر خوښه وی ؟
کوم قسم شخصیت ښهٔ لیډر جوړه وی؟

رومنز 12:4-5 څنګه چه زمونږ یوه بادی وی او د هغي ډیر ممبران وی او د هر یو ممبر یو شانتي کار نه وی دهر چا کار مختلف وی.بس په یسوع کښ مونږ مختلف شکلونه په یو بدن کښي یو او هر یو د نوروسره کلک او پوخ تعلق ساتی.

په یو موټی کیدو کښې طاقت وی.

په دنیا کښې اتۀ قسمه خلق ولي دی؟

یسوع څه خوښه وی؟

فوجی ،

کتونکي ،

ګډبه ،

کرونده ګري،

ځوی یا لور،

صوفی،

خدمت ګار،

نوکر.

چه کله مخالفت پیدا شی نو مونږ سره کومي دري خوښي دي ؟

تیښته کول

یو بل سره جنګ کول.

په یو ځاي کار کولو دپاره دخداي جذبي یوه لاره کتل.

ګليتينز2:20- زه په عسائیت خپل ځان ورکوم اودا ډیره لري نه چه زۀ ژوندي پاتي شمخو عسئیت به همیشه په ما کښي ژوندي وی.(این اي ایس)

تعلیمات خواره کړئ

دیسوع تابعداری اوکړئ

زۀ به عام تعلیم څنګه خوروم؟

سرو رنګي تسبیح

أسمانی رنګي تسبیح

شني تسبیح

توري تسبیح

سپیني تسبیح

سري تسبیح

مونږته د یسوع د امداد ضرورت ولي دي؟

یو کس هم دومره ښکلي نه دي چه الله پاک ته واپس شی .

یو کس هم د الله په لار کښي دومره ورکړه نه شی کولي چه الله پاک ته واپس شی

يو كس هم دومره مضبوط نه دي چه الله پاک ته واپس
شی.
يو كس هم دومره ښه نه دي چه الله پاک ته واپس
شی.

جان 14:6- د يسوع مسيح جواب:زۀ لاره يم د
حقيقت او د ژوند. څوک هم پلار ته نه ځی بغير
زما نه.

مريدان جوړ کړئ.
د بسوع مسيح د منصوبي ړومبئ مرحله څه ده؟
خپل زړۀ تيار کړئ.
دوه دوه كسان لاړ شئ.
هلته لاړ سئ چرته چه يسوع مسيح كار كوی.

د ليډرانو د پاره د فصل نه دعا اوکړئ
په عاجزئ سره لار شئ
په الله پاک يقين اوکړئ په پيسه نه
هلته سيدها لاړ شئ چرته نه چه تاسو ته اواز
کيږی.

ليوک 10:2-4 هغه هغوی ته اووي چه فصل
ډير زيات دي خو مزدوران كم دی.د فصل ملک
ته اووايه چه ددِ فصل پټی ته نور مزدوران
رااوليږی.

تولکی جوړول شروع کړئ
د يسوع مسيح د منصوبي دويمه مرحله څه ده؟
دوستئ ته ترقی ورکړئ.
د امن والا يو كس تلاش کړئ.
خورئ او څښئ څه چه هغوی تاسو ته دركوی.
د يو كور نه بل كور ته مه ځی.
يسوع مسيح د منصوبي دريمه مرحله څه ده؟
ښي خبري خوري کړئ.
د تعليماتو اعلان او کړئ.

يسوع مسيح د منصوبي څلورمه مرحله څه ده؟

د نتيجو جائزه واخلئ او ځاي کړئ.

جائزه واخلئ چه هغوی څومره توجهٔ درکوی.

پرېږدئ چه څوک توجهٔ نه درکوی.

لوک 10:9 –د مرض د ختمولو د پاره څوک دغلته دي او هغوی ته اووايي چه دخداي بادشاهی تاسو ته ډيره نزدي ده.

ګرجي شروع کړئ

هغه څلور ځايونه کوم کوم دی دکومو دپاره چه يسوع خپلو عقيدتمندو ته د ګرجو شروع کولو حکم کړي دي؟

يروشلم

جوديه

سماريا

اټرموسټ

د ګرجو د شروع کولو چلور وسيلي کومي دي؟

پيټر

پاؤل

پيسيلا او اکويلا

پرسيکيوټډ

په يو نوی ګرجي جوړولو څومره خرچه راځی؟

ايکټس 1:8-چه کله يو مقدس روح يا وحی په تاسو راځي نو تاسو ته به طاقت ملاوېږی او تاسو به په يروشلم او ټول جوديا او سماريا کښي تر د پوري چه په ټوله دنيا کښي به زما ګواهان يي.

منصوبه

تاسو د يسوع تابعدارى ولى كوئ؟

،،كله جه يسوع دوه زره 2000 كاله مخكښي دِ دنيا ته راغي، نوخلقو د هغۀ تابعدارى په مختلفو وجوهاتو اوکړه.

د جيم او جوهن غوتدي خلقوپه يسوع دا عقيده څکه لرله چه يسوع به هغوى ته شهرت ورکړى.،،

مارک 10:35-37-
جيم او جوهن، د زيبيدى دوه زامن وو، يسوع ته راغلل، هغوى اوئيل، ،،استاذ جى مونږ تا غواړو چه ته زمونږ د پاره څه اوکړى کوم څه چه مونږ تا نه غواړو. او هغۀ هغوى ته اووئيل،تاسو څه غواړئ او څه تاسو دپاره څه اوکړم؟،، هغوى هغۀ ته اووئيل، ،،مونږ ته اجازت راکړئ چه يو ستا ښى طرف ته او بل ګس طرف ته کينو ستاسو دشان سره.(اين اي ايس)

د فاريسيز غوندس خلقو د يسوع تابدارى څکه کوله د دِ دپاره کړې چه هغوى دا اوښايي چه هغوى څومره ښائسته وو.

لوک 11:53-54-
کله چه يسوع لاړو، د قانون مذهبى استاذانو او فاريسيز مخالف جوړ شول او په ډيرو تپوسونو يي هغه ته د غصي راوستلو کوشش او کړو. هغوس هغه په خپل جال کښي ګيرول غوښتل چه د هغه چه اووايي او بيا هغوى دعه وينا دهغۀ خلاف استعمال کړى. (اين ايل تى)

د جوده غوندي خلقو د يسوع تابعدارى د پيسو دپاره کوله.

جوهن 12:4-6-
خو يو د هغۀ د مريدانو نه، چه جوده جيسکيريټ وو،کوم چه بيل روستو دهغۀ مخالف جوړشو اعتراض اوکړو،چه

ولي دِ دا خوشبو خرڅه نه کړي شي او پیسي يي غیبو خلقو ته ورکړي شی؟ دا خو دیو کال برابر اجرت جوړیږی. هغهٔ دا د دِ دپاره نه وئیل چه هغه د غريبو خيال ساتلو، بلکه هغه يو غټ غل وو. د پیسو په تهيلئ کښي ،هغهٔ پخپله د خپل ځان مدد سره کولو چه څه څه يي په کښي اچولی وو.

،،د پينځهٔ زرو کسانو د مجمعي غوندي خاق ديسوع تابعداری د خوراک دپاره کړې.

جوهن 11:6-51-
یسوع بیا دسترخوان خور کړو. شکریه يي ادا کړه، او په هغه کسانو يي خوان تقسيم کړو چوک چه هلته ناست وو او څومره هغوی ته پکار وو.هغهٔ ټولو ته يو شان کبان ورکړل. کله چه ټول خلق موړ شول نو هغهٔ خپل مریدانو ته اووئيل ،چه څومره ټکړي پاتي شوي جمع يي کړئ. یو څيز هم چه ضائع نه شی. پس هغوی هر څه جمع کړل او دولس توکرئ د پينځهٔ پاتی شوی خوانونو نه ډکي کړلي د هغه خوړنکو کسانو د پاتې شوی ټکړو نه. دهغي نه خلقو ديسوع د معجزو نښي اوليدي کومي چه یسوع اوښودې،هغوی خبري اترې شروع کړې، ،، يقيناً دا پيغمبر دي څوک چه به دِدنیا ته راځی،،. یسوع ته دا پته وه چه د هغوی اراده ده چه راشی او هغه په په جبر بادشاه جوړ کړی، پس غرونه ته په خپله واپس لاړشه.

خلقو د هغه لسو د برګی مریضانو غوندي ديسوع تابعداری کړې ده.

لوک 17:12-14-
يو ځلي يسوع په کلی کښي روان وو، چه لس د برګيمريضان د هغهٔ خواله راغلهٔ . هغوی لګ جدا اودریدل او چغي يي کړې يسوع، استاد جی، په مونږ ترس اوکړه!،، يسوع هغوی ته په غور سره اوکتل او ورته يي اووئيل، لاړشئ ځان پادریانو ته اوښايي،، هغوی د روانيدو نه پس په لاره کښي د مرض نه جوړ شول.،،(سی ای وی)

ځنګه چه تاسو کتي شئ، چه ډیرو خلقو د یسوع تابعداری د خود غرض زړۀ سره کړې ده. هغوی د یسوع خیال لګ ساتلي او زیات د هغه څه دپاره کوم چه هغوی ته ورکولي شول.

د لیډرانو په حیثیت مونږ له دخپل ځان کتنه پکار ده او دا تپوس کول دی ،چه مونږ ولي د یسوع تابعداری کوو.

ایا تاسو دِ دپاره د یسوع تابعداری کوئ چه تاسو شهرت بیا مومې؟

،، ایا تاسو دِ دپاره د هغۀ تابعداری کوئ چه تاسو څومره ښائسته یي؟

ایا تاسو دِ دپاره د هغۀ تابعداری کوئ چه تاسو ته پیسه بیا مومې؟

ایا تاسو دِ دپاره د هغۀ تابعداری کوئ چه تاسو او ستاسو خاندان ته خوراک ملاؤ شی؟

ایا تاسو دِ دپاره د هغۀ تابعداری کوئ چه تاسو د مرض نه د جوړیدلو امید لرئ؟

ځلق دیسوع تابعداری په ډیرو وجوهاتو کوی. خداي صرف یو کس په عمل بخی ،بهر حال. یسوع هغه خلق خوښه وی کوم چه د هغۀ تابعداری د زړۀ په مینه کوی.

ایا تاته هغه د خاندانه شړلیی شوي او ګناهګاره ښځه یاده ده چا چه په یسوع یو ډیره قیمتی خوشبو اچولي وه.

میتهیو 26:13-
یقیناً ،زۀ تاسو ته دا وئیم، چه د ټولي دنیا په کوم ځاي کښي چه د دِ تعلیماتو پرچار کیږی، چه هغي ښځي چه څه هم کړی د هغي په باد کښي به ضرور بحث کیږی. (این اي ایس)

ایا تاته هغه کونده ښځه یاده ده ؟ د چا نذر چه د یسوع زړۀ په تولہ خانقاه کښي د ټولو نه زيات مالدارو نه هم زيات متاثره کړي وو.

لوک 3:21-
زۀ تاسو ته رشتیا بیانوم ، ،، یسوع فرمائیلی دی چه دِ غریبې کونډې ته د نورو نه زيات هر څه ورکړي شول.
(این ایل ټی)

ایا تاسو ته هغه یو تپوس یاد دي کله چه یسوع د پیټر نه کړی وو د هغۀ د مخالفت نه روستو.

جوهن 21:17-
په دریم ځل هغۀ، هغۀ ته اووي، سمن ځوی د جوهن،ایا ته ما سره مینه کوي؟،، پیټر اودردیدو ځکه چه یسوع د هغۀ نه دري ځله تپوس اوکړو، ایا ته ما سره مینه کوي؟ هغۀ اووئیل ، اقا تاته د هر څه پته ده،تاته دا هم پته ده چه زۀ تا سره مینه کوم . یسوع ورته اووئیل ، ،،زما ګډو ته خوراک ورکه.،،

یسوع د پیټر نه د هغه په زړۀ کښي د میني په باره تپوس کړي وو ځکه چه دا د یسوع دپاره یوه اهم معامله وه.ایا مونږ د هغۀ تابعداری ځکه کوو چه مونږ د هغۀ سره مینه لرو؟

مونږ د یسوع تابعداری د زړۀ په مینه کوو ځکه چه ړومبي هغۀ مونږ سره مینه کړي ده. مونږ په خداي پوخ یقین ځکه ساتو چه مونږ د یسوع سره مینه کوو. مونږ تعلیمات ځکه خوروو چه مونږ د یسوع سره مینه کوو. مونږ مریدان ځکه جوړوو چه مونږ د یسوع سره مینه کوو. مونږ ټولګی او ګرجي ځکه شروع کوو چه مونږ د یسوع سره مینه کوو. مونږ روحانی لیډرانو ته ځکه تربیت ورکوو چه مونږ د یسوع سره مینه کوو. صرف ایمان ،امید ،او مینه به پاتې شی باقی هر به ختم شی. خو خیر ، په دِ ټولو غټ څیز مینه ده.

دیسوع د منصوبي نمائش

- د زده کړه کونکی د داتهٔ کسانو په ټولګی کښي تقسیم کړئ .لاندیني د نمائش کیدونکی کاروای لیډرانو ته واضح کړئ.
- لییران دِ یو ه دائره جوړه کړی او خپل ټولګی ته په نمبر دیسع منصوبه پیش کړی. د نمائش نه روستو ،نور لیډران دِ د یسوع په منصوبه لاس کیږدی او خدای د توان او رحم غوښتو د پاره دِ دعا اوکړی. لیډران دِ په تیز اواز بلکل په هغه وخت دعا اوغواړی کوم وخت چه ایډر خپله منصوبه پیش کوی.
- یو لیډر د د دعا وخت په جذباتی قیادت سره ختم کړی. منصوبه ،، خپل زړهٔ پوري اونیسئ او ټولګی دِ اووایي ،خپل صلیب اوچت کړئ او دیسوع تابعداری اوکړئ دا دري ځله په یو اواز کښي اووایي.
- خاکه تر هغي وخته پوري دهراووئ تر څو چه هر لیډر خپله منصوبه نه وی پیش کړې.
- هر یو د خپلي منصوبي پیش کولو نه پس د لییران هغه ټولګو ته لا ړشی چرته چه کار ختم نه وی. اخره کښي د هر یو ټولګي نورو ټولګو ته لاړ شي او تر هغي پوري چه تر څو د دِ نه صرف یو غټ ټولګي نه وی ساز شوي.
- د تربیت وخت په یوه عبادتی سندره ختم کړئ کومه چه د زده کړه کونکو ټولګو دپاره معنی خیز وی.

دريمه حصه

موجوده وسائل

نوره مطالعه

وړاندي مطالعه کول،مونږ د لاندیني ورکړي شوی لیکوالو په مدد سره د ستي نه بدلون راوستو کبني اهم ګنړو.ړومبي کتاب چه يو مشن دي ، د انجیل ترجمه ده، د هغي نه پس مونږ د دِ اووۀ کتابونو د پاره اجازت ورکوؤ ځکه چه دا يو پوخ بنیاد دي، د ترقئ دپاره.

بلانچرډ،کن او هوجز،پل د یسوع په شان لیډران وو.دټولو نه غټ رول مادل د هري زماني. تهامس نلسن 2006،

کلنټنړجي.رابرټ.د يو ليډر جوړول. این اي وي پریس پبلشنګ ګروپ 1988

کول مین،رابرټ اي.د ایونجلزم سر غنه. فلمنګ.ایچ.ریول 1970

هیټنګه.جان ډی. ما پسي شي.د بیسوع د میني ډک لیډرشپ نه تجربه اوچتونکي. این اي وی پریس 1996.

میکسول جان سی.په تاسو کبني کبني لیډر ته ترقی ورکول. تهامس نلسن پبلیشر1993 .

اوګن،ستیون ایل.او نوبل تهامس پی. د اصلاح په ذریعه مضبوطول. چرچ سمارټ وسائل.1995 .

سینډرزجي.اوسوالډ.روحان لیډرشپ:د هر عقیدتمند د پاره شانداره اصول. موودی پبلیشر، 2007

ضمیمه الف

پرله پسي تپوسلي سوالونه

ما له څه کول پکار دی که چري زۀ په یوه یا نیمه ګهنټه خپل سبق یاد نه کړی شم؟

یاد ساتئ طریقه کار او فهرست یو شان اهمیت لری.په طریقه کار باندي عمل کولو نه پس خود اعتمادی سوا کیږی. معیاری فهرست تعلیم راوړی.دواړه عریقه کار او معیاری فهرست د تبدیلئ عمل پیدا کوی . نورو ته تربیت ورکولو کښي د ټولو نه یو عامه غلطی زمونږ په نظر کښي چه کومه راغلي ده فهرست زیات ورکول او کم وخت مشق ته ورکول.

زیات تر د یسوع د اطاعت تربیت سبقونه د نیمګړي لاري قدرتی توږ د سبق په ذریعه لری. که چري تاسو بیا مندو نو تاسو سره به دومره وخت نه وی چه سبق پوره کړئ. دټول تربیت طریقه کار اختیاراو نه دسبق ړومبئ نیمه حصه اوښایي،او باقی نیمه حصه چه درته وخت ملاؤ شي اویي کړه. د خلقو د تعلیم د درجي مطابق تربیت ورکوه، تاسو له فیصله کول پکار دی چه په هر وخت کښي د دِ ترتیب مطابق لاړشئ.

زمونږ مقصد دبالغو زده کونکو د ژوند په هره حصه کښي د یسوع د لیډرشپ سټائل ته ترتیب کولو کښي مدد کول دی. دا وخت او صبر غواړی،خو دا ورکړي شوی محنت ښۀ بدله ورکوی.

دلیډرشپ تحریک څنګه ښکاری؟

خداي ټول مخلوق ته په صحیح طریقه ځان رسوی. موجوده محقیقینو د اتیاء 80 یو رپورټ تیار کړي دي.که چري د تعلیماتو خورولو سره د دِ تحریک دا انجن روان کړو،نو بیا د لیډرشپ ترقی د دِ پلونه دی. اصل کښي،اکثر دا وینا مشکله ده که چري هغه لیډرشپ دي ، که مریدی ده،یا د ګرجی د جوړلو تحریک دي.که هر قسمه نامه لري،هغه ټول یو معیار ښاي، سړی ، ښځي، ځوانان، او ماشومان د یسوع نه د متاثریدو ځان اه یو مقام لری،د هر وخت یو عظیم لیډر.

د لیډرشپ دا کړئ د لیډرشپ په تحریک خاص اهمیت لری. واړهٔ ټولګی د سړو یا د ښځو د زمه وارئ، د اصلاح او زده کړي دپاره راغونډیږی. پاؤل د دِ قسمه کړو/زنځیرونو په باره کښي په عیسایي تعلیمات 2:2 کښي بحث کړي دی. یو لیډر د ټولګی نه د اصلاح زده کړه کوی او بل ټولګي ته یي ښايي.د الیډرشپ دا زنځیر مسلسل شپږمي یا اوومي نسل په پوره کامیابئ سره رسی.هر تنظیم، وزارت ،یا د خلقو ټولګی د خپل لیډر په رهنمائ کښي لري نه لري ځاي پوري تلي شی. هم دا وجه ده چه لیډرشپ ته په سختئ سره وده ورکول پکار دی ځکه چه لیډران نه پیدا کیږی. لیډر له دا پکار دي چه دا به مشری څنګه کوی.

د لیډرشپ په تحریک کښي د شل کلیز خلقو پوري د لیډرشپ الات زده کولي شی،بصارت،مقاصد،مشن، او منازل . د شلو 20کالو نه بره سړی او ښځي دا الات په خپل کاروباری او ذاتی ژوند کښي په کار راولی. د دیرشو30 کالو عمر والا دا الات په یو خاص وزارت یا کاروبار کښي په کار راولی.او کله چه څوک د څلویښتو 40 کالو عمر ته اورسی ،نو بیا د لیډر شپ ددِ الاتو په استعمال سره غټي فائدي اخلی. او د پنځوسو 50 کالو خلق چا چه د یسوع د لیډرشپ انداز د اوږدي نیتي دپاره په عمل کښي راولی،نو د یو نموني په طور د نوی نسل خدمت کوی. غام طور باندي د شپیتوؤ 60کالو په عمر کښي خلق د لیډرانو د اصلاح په توګه کار کوی. پادریان د اوویا 70 کالو په عمر کښي د وفادارئ او دفائدي نه ډکي اثاثی پریږدی،تر د چه ډیر زوړ عمر کښي.

د وخت بدلیدو سره د بهرنئ مشنري/پرچار کونکی په کومه طریقه کردار اداکوی؟

د هر مشن د کوشش څلور مرحلي وی، بیاموندل/دریافت، پرمختګ، صف بندی، او وفد. هره مرحله ناشنا مقاصد/منازل او مشکلات لری. هره مرحلي ته د مشنرئ د طرفه د مختلفو مهارتونو ضرورت وی.

د دریافت د مرحلي کار دا دي چه لري معلوم خلق شامل کړی،او اعلیَ قسم مشنری او لیګی، او په لري علاقه کښي د قدم کیښودو ځاي حاصل کړی.د دِ مشنرئ کردار د تفتیش معلوماتی دوره، دتعلیماتو پرچار،او مزیدار قومونه سره تعلق ساتل دی. د دِ دور ثمره یو څو ګرجي دی. خو بیا هم، دا ګرجي اکثر د لیډرلی شو ملک ټولګو د ګرجو سره زیات د د وصول شوی ملکونو د ثقافت سره مشابهت لری. د دریافتی مرحلي دوران د پرچاریانو ټیم اتیا فیصد او دقومی سطح باندي شل فیصده مرسته کیږی.

یو څو ګرجي د ډسکوری مرحلي کښي دترقئ جاری ساتلو دپاره شروع شوی وو چه نوري ګرجي شروع کړی،چه د ترقئ په مرحله کښي د یو تنظیم رهنماي اوکړی.پرچاري جماعت په دِ مرحله کښي د رابطي په ځاي ساتلو کښي مدد کوی، تعلیمات خوروی او دعقیدت مندو په مینځ کښي د مریدئ زبر دست کوشش کوی. یو وړوکي مسیحي تهذیب د خپلي جرړي په کوربه ملک کښي مضبوطه وی. د ترقئ مرحلي دوران کښي ، قوم شپیتهٔ 60 فیصد کار کوی ولي پرچاری ټولګي څلویښت فیصده تعاون کوی.

اخری مرحله د هر مشن وفد یي . په د مرحله کښي پرچاری جماعت د قومی عقیدت مندو په کار کښي دلچسپی اخلی. پرچاری جماعت د اصلاح، تقریب او د همکارئ کار طرف ته ته واپس کیږی.د وفدی مرحلي دوران،قوم لس اتیا فیصد کار کوی ولي پرچاری جماعت لس فیصد مرسته کوی. دریافتی مرحله بیا شروع کوی ، خو دا ځل د قومی عقیدت مندو په ذریعه سره کار کوی.

پرچاری جماعت له دا یاد ساتل پکار دی چه هغوی موجوده وخت د وفدی مرحلي سره د دنیا په زیات تر حصو کښي کار کوی. د پرچاری جماعت نن صبا د ټولو نه غټ کردار اصلاح، تربیت،او د قومی رونو

او خوئندو مدد کول دی،او خداي مشن جاری ساتل دی کوم چه هغوی ته ورکړي شوي دی.

او دیسوع د تربیت د تابعداریٔ مقاصد او په ساده طرقي سره پرچاری جماعت ته کیښودل دی،او د وفدی مرحلی دپاره مشتمل الات ورکول دی.

د پینځهٔ 5 قانون څه دی؟

په ساده الفاظو کښي، یو سړي به پنځهٔ خله مشق کوی، مخکښس د دِ نه چه د په خپل اعتمادوی او مهارت وړاندی کولي شی.په تیر شوو نهه کالو کښي تقریبا پینځهٔ زره خلقو ته پخپله تربیت ورکولو نه پس مونږ دا وینو چه دا اصول متواتر ثابت شوي دی.

پادرین چه په سکول کښي درس ورکولي شی ، ډیر ذین او کار کونکی ځوانان وی چه د پادری د سبق ورکلو نه پس د دوی په ژوند کښي ډیره کم فرق راځی. د دِ قسمه مسلي ځحل کولو علاج دا دي فهرست مونږ نور هم مزبدار کړو ،یا نور هم یادګاری کړو(تاسو خانه پوری کولي شئ)عام طور باندي فهرست مسله نه ده خو په اصل کښي خلقو په دِ دومره خواری یا مشق نه دِ کړي چه دا د خپل ژوند یوه حئه اوګرزوی.

تاسو ولي د لاس اشاري استعماله وی؟

خلق زده کړئ د څه نه چه دوی وینی،اوری او عملی طور باندي کوی.مغربي طرز تعلیم په اولنئ او دویمه باندي زور راوړی.(په خصوصی توګه په درسی طریقه).ډیر کسان کتابونه لولوئ څنګه لږ زده کونکی صرف د وینا او د اوریدلو طریقه باقی ساتلي شی. دریمه طریقه د –کنستیتک- ده چه خلقو ته د تربیت ورکولو کښي د ټولو نه شاته غورزولي شوې طریقه ده.مونږ د لاسونو په اشارو سره یو ټولګی ته تربیت ورکواو ،یادلو او معلوماتو منتقل کولو یوه اسانه

طريقه موندلي. خوانده او ناخوانده دواړه يو شان مونږ. ته بيا هغه قيصي وئيلي شی چه کله ورسره د لاس اشاره شامله وی.

تاسو ته پته وس چه کله مونږ. د يسوع د تربيت په رنړا کښي نورو خلقو ته تربيت ورکوونو مونږ. د لاسونو اشاري نه استعماله وو. مونږ.ه خپله طريقه بدله کړې ده .خو چه کله مونږ. د تربيت کولو په مقصد بدله وو نو مونږ. غواړو چه زده کړه کونکي د دِ قابل وی چه اخره کښي دي مونږ. ټول د پادريانو سبق اووايي. په ايشيايي ماحول يا علاقه کښي ياده ول ډير اهم جز دي. اوس خلق د اخری حصي نه پس ټول د پادريانو سبق په يادو واورولي شی.ځکه چه مونږ. د لاسونو اشاري استعماله وو. پرله پسي تپوسلي سوالونه دوې داسي نه شو کولي مخکښي د دِنه چه مونږ. دوی استعمالول شروع کړي نه وي. د يو څو لنډو سبقونو نه پس ، زده کونکيی د زر زده کونکی نه مزه اخلی او حيران وی چه په اخره کښي دوی تول د پادريانو والا سبق ياده ولي شی.

د لاسونو د اشارو نه پس ، مونږ. اندازه اولګوله چه د ليډرانو په تعداد کښي اضافه شوي ده.چه ليډران په تربيت کښي د ذهن نه علاوه نور څه هم غواړی. که زړهٔ بدل نه شی نو هيڅ معلومات هم منتقل نه شو. د لاسونو د اشارو استعمالولو کښي دا مدد راکوی ،چه مونږ. د ذهن نه څه زړهٔ ته ورسول. هم دا وجه ده چه مونږ. ماشومانو ته د لاسونو په اشارو ښودنه کوو چه مونږ. د هغوی د ژوند د څه اهم حقيقت ياده ولو کښي مدد اوکړو.بالغان ، ځوانان او ماشومان په مختلف طريقو سره زده کړه کولي شی. چه کله مونږ. د لاس اشاري استعماله وو. ما په خپله دعا کښي د لاس د اشارو استعمال په باقاعدګئ سره کړي دي . د دِ دپاره چه څه په کومه حصه زياته توجه ورکوم ،زما توجه زياته په حمد وی،په پښيمانئ،،په سوال، يا نتيجه باندې وی.

دا سبقونه دومره اسان يا ساده ولی دی؟

د دِ سبقونو د اسانئ غټه وجه داده چه مونږ. ديسوع د تعليماتو مثال په يو ساده طريقه سره خپله وو. هغهٔ يو مشکل کار اسان کړي دي

خو مونږ یو اسان کار ځان ته ګرانه وو. د یسوع دلچسپی په ژوند کښي کښي بدل والي راوستل دی دا نه چه په نور لویو کارونو کښي مهر کیدل .کله چه مونږ په ساده طریقه سره ښودنه کوو نو ماشومان ، ځوانان او بالغان په یو ځاي زده کولي شی. تاله د یو 1 زر ډالر د معلومولو د مشین د مشین ضرورت نه شته چه هغي سره ټول تلئ او شپیلی وهی او تاته اووایي چه شمال کوم اړخ ته دي. او ارزان قطب نما(طرف ښودونکي اله) داسي کولي شی. د اوښیارانو خبره ده چه د تولو نه مخکښي د سړی اوښیارتیا اوګوره.

اوښیارتیا دأ ته نه وایي چه غلم ژوند ته په په چل سره منتقل کړی. مونږ دا اندازه اولګوله چه څومره یو منصوبه ګرانه یا پیچیده وی نو په خامه توګه ناکامه کیږی. راهبانو/پاردریانو او د عیسائیت پرچاریانو په ټوله دنیا کښي پوره په نظم وضبط سره د مقصد منصوبه وه او د دِ د جوړولو د پاره به یي هفتي نه چه میاشتي لګولي. دا منصوبي به په مامه توګه په بنده کمره جوړیدي. څه خلق دا دلیل ورکوی چه اوښایاران وایي چه ساده طریقي پریږدئ، خو اصل کښي اوښایاران وایي چه د ځان نه ساده نه جوړه وي، ځان نه به نادان نه جوړه وي. اوښیار سړي چه کار کوی نوخلق د هغهٔ نه نقل کوی او نادان سړي به دا بل شاني کوی.

او یو ښه خبردادي چه دیسوع تابعداری کول په دِ منحصر نه ده چه تا کښي د دِ سوچ لرولو اهلیت وی،نو زدکړه کولي شي، د څه کار کولو دپاره خپل قابلیت ښودلي شی. د یوع تابعداری په دِ منحصره ده چه یو سړي د هغهٔ احکمات دزړهٔ نه هر وخت،زر تر زره او په خپله مرضئ قبول کړی.په ګرانه طریقه سره سبق ښودل په عامه داسې زده کونکی پیدا کوی چه هغوی د دِ قابل نه وی چه دا سبق په خپل روزمره ژوند کښي شامل کړی. یسوع خپل عقیدت مندو ته دا حکم کوی چه خپل پیروکار جوړ کړئ.هغوی ته سبق ورکړئ چه دیسوع ټول حکمونه اومنی. زمونږ دا خیال دي چه استاذان د خلقو په تابعداریٔ کښي مشکلات پیدا کویهر کله چه دوی ګران سبقونه ښايي کوم چه زده کونکی نورو خلقو ته نه شی شی ښودلي .

هغه کومې عامې غلطياني دی چه خلق يې نورو ته د تربيت په وخت ورکوی؟

تربيت ورکونکی د تربيت په وخت کښې درې خايونو کښې غلطيان کوی.حلق کښې، په په طريقه کار کښې او حصو کښې.تربيت شوی او په نورو خلقو تربيت پخولو والا. مونږ دا قسمه ليدونکی څيزونه تاسو ته وړاندې کوو چه ستاسو په هنر منديځ کښې به مدد اوکړی.

هر يو زده کونکې د تربيت ځاې ته د تيره شوې تجربې ، علم،او هنر سره راځی. هغه تربيت ورکونکی کوم چه دا د شروع نه په خيال کښې نه ساتی هغوی د تربيت ورکولو موقع ضايع کوی، کوم چه هغوی کولې شی. هغوی ته مخکښې نه پته نه وی چه څه کول پکار دی.يو ساده غوندې تپوس، تاسو ته د دِ مضمونه په باره کښې د مخکښې نه څومره پته ده؟ تربيت ورکولو والا سره امداد اوکړئ چه دوی ته په کومه درجه تربيت پکار دې. مونږ تربيت ورکونکی ليدلی چه د هغوی دا خيال دې چه زده کونکی د دوی نه ښۀ نه پوښيږی . بغير ازمودې خيال به هميشه تاته نقصان رسوی. يو بل سره تعلق ساتل دا مسله حل کوی. دخلقو د زده کولو طريقې بدلې بدلې وی. او دا يوه غټه ظلطی ده څه يوه طريقه سره صرف تربيت ورکوی. داسې کولو سره کلکه خبره ده چه زده کونکې به هيڅ کله وا نه خلی. د دِ نه علاوه د خلقو دخپل شخصيت مطابق مختلف حاجتو نه وی.تربيت ورکول يوه طريقه ده کومه چه ډير ګرځيدونکی خلق خوښه وی.او تنهائې والا خلق رد کوی. په خلقو باندې توجه ساتی چا چه خپله توجۀ په سوچ مرکوزه کړی وی.دومره اسری نه وی څومره چه سبقونه دی. کوم چه د احساساتو پورې بيانه وی. د تربيت کولو طريقه يو بل ځاې هم وی کوم ځاې کښې چه استاذان غلطياني کوی.تربيت ورکولولو ولال د وضلحت د پاره څه موقع نه ورکوی.

او صرف په وينا باندې انحصار کول تربيت ورکول نه دې بلکه خلقو ته وړاندې کول دی. تربيت ورکول يو سفر دې چې د هغې د پاره يو سړی ته مکمل مهارت ،د اخلاق معيار يا دعلم ضرورت وی. مونږ جائزه اخستی ده چه تربيت ورکونکی ډير توجۀ په فهرست ورکوی. دوی زده کونکو ته دا موقع نه ورکوی چه هغوی په هغه څه باندې بحث او اوکړی کوم چه دوی زده کړی وی. د ټولو نه ښۀ وخت د بالغانو د زده کړې داد ې چې دوی کله د سبق وضاحت کوی او دا په

خپل ژوند کښي راولي .يوه بله عامه غلطي دا ده چه د تربيت په وخت کښي ټول يوه عامه طريقه استعماله وي. هر کله چه يوه طرقه عامه استعمالولي شي نو ددي خوند ورک شي. بله اخري غلطي داده چه تربيت ورکولو باندي زيات وخت اخستلي شي. د اصولو مطابق هسي مونږ کوشش کوو چه سبق ته د وخت دريمه حصه اوباسو، بيا مونږ زده کونکو ته اووايو چه دا د وخت په دريمه حصه کښي بيان کړئ. په اخره کښي مونږ د وخت په اخري دريمه حصه کښي د سبق منعلق خبري اتري اوکړو د لس اتيا منټو دا وخت زده کونکي تقريباً شل منټه زمونږ بيان اوري.

په عام طور چه د سبق وخت ډير اوږد شي نو د هغي وجه دا ده چه تربيت ورکونکي د سبق فهرست ډېربيانه وي کوم چه د تربيت اخري ځاي دي او چرته چه تربيت والا غلطياني ډيرې کوير. دټولو نه د سبق فهرست دا وي چه په هغي کښي علم ، اخلاق ، هنر مندي او شوق رابيدارول بيان کړي شي. که چري تربيت ورکونکي د مغربي طرز خاوند وي نو هغه ډير کوشش کوي چه د علم په حصه ډير زور راوړي.کله چه هغه ته دا يقين راشي چه دوي په د پوهه شول نو بيا به لګ ارام اوکړي. هغه کيدي شي چه د اخلاق او شوق بيدارولو بيان هم اوکړي، خو ډير کم به د عملي هنرمندئ باره کښي خبري اتري او کړي. زيات تربيت ورکونکي نورو ته تربيت په هغه طريقه ورکوي کوم چه دوي ته نموني ښودلي شوي وي. تير شوي وخت سره تعلق ختمول کيدي شي ضروري وي . خو بيا هم د ټولو نه خبره داده چه زده کونکو په ژوند کښي بد لون راشي.ښهٔ تربيت کښي دا کوشش نه کيږې چه معلومات يو ځاي وړاندې کړي شي.مطلب خلقو ته صرف رسول دي.زمونږ په خيال چه کوم تربيت ورکونکي خپل مواد د نوي ماحول يا ثقافت په شان نه جوړه وي ، د دوي دا خيال وي چه د کلي د وريژو يو زميندار کس به هم د دِ سبق په موادو داسې پوهيږي لکه چي دښار يو پيشه ور ځلمي پوهيږي. د دِ دپاره د ټولو نه عامه وجه د دعا کمي دي. زمونږ د تجربي مطابق د تربيت ورکونکي د ټولو نه غټه غلطي دا ده چه دوي زده کونکو ته وخت نه ورکوي، کوم چه دوي اته د مشق د پاره پکار وي، چه دوي څه زده کړي. تربيت ورکونکي په د غلطي کښي اموخته دي چه دوي تربيت يو مسلسل يو کار نه ګڼړي بلکه دوي دا ديو وخت کار ګڼړي. د ټولو نه پخه خبره د يو کار هغخه ذهني رويه ده کومه چه زمونږ سره د دوي د پاره شته. راځي چه دوي ته دومره څه اوښايو چه څومره ورته مونږ ښودلي شو.

د کتابی طریقو سره زده کونکو ته په تربیت ورکولو باندي توجهٔ نه علاوه ي فلسفیانه سوچ باندي زور راوړل پکا ردی.تربیت ورکونکي به پههغه کس کښي ډیره دلچسپی لری کوم چه زده کونکي ورکوی، په ځاي د دِ چه زده کونکي يواځي وی.که ته خپل ځان دا وینی چه فهرست یا د سبق حال احوال ډیر بیانوي او د مشق د پاره وخت نه ورکي نو بیا ته د هغه کسانو نه زیات مجرم يي کوم خلق چه نورو سره پړي خبري اتري کوی . ته په ځاي د کامیابیدو هغوی غلطئ ته رابلي.

تاسو به تجویز ورکوئ که چرِي د تربیت د پاره لیډران نه وی؟

مخ په وړاندي لیډران ، مخ په وړاندي لیډران ځان ته مائله کوی. کله چه تاسو دییسدع د لیډرشپ طریقه کار او د هغهٔ د کار پابندی کوي نو خداي به تاته راضی وی او ستا مدد به په نورو خلقو سره کوی. بیا هم مونږ د له یقین اولني قدم اخستل پکار دی . یسوع د هر عقیدت مند سره وی او غواړی چه د هغهٔ تابعداری دِ اوکړي شی او د هغهٔ ملک ته دِ راشی. اقا پرستی او لیډر پرستی یو شي دي.یاد ساتئ چه زمونږ سره ځکه نه دي چه مونږ غوښتي نه دي. دعا اوکړئ چه مونږ په دِ سترګو لیډران اووینو چه خداي يي تیاره وی.د زړهٔ د قبول تیا او حوصله افزایي دپاره دعا اوکړئ. د یسوع د قیادت په باره کښي چه کوم ذهنی پس منظر دي هغه باره کښي دعا اوکړئ.

هغه کسانو باندي نظر ساتئ کوم چه خداي د مخکښي نه تاسو له در کړی دی ، نه چه هغه کسان چه تا سره لا شته هم نه. کوشش کوی چه کوم کسان ستاسو تابعداری کوی د هغوی نه مظبوط لیډر جوړ کړئ.هر سړي د یو کس رهنماي کوی، پلار د خپل خاندان، مور د خپلو بچو او استاذان د خپلو شاګردان رهنمایي کوی. کاروباری خلق د خپلي معاشري رهنمایي کوی.د لیډرئ اصول کوم چه د یسوع د تربیت تابعدارئ کښي ښودلي شوی دی ، هغه په هر یو ماحول کښي د استعمال قابل دی. خلق راپاسی او زمونږ نه چه کومه طمع ده هغي ته مخامخ کیږی. هر یو کس سره یو شان سلوک او کړئ او که چري د هغه کس د مخکښي نه لیډر وی نو بیا اوګورئ چه خداي د هغهٔ په ژوند کښي تبدلی راوستلي ده.

ضميمه الف

داسي خيال اوکړه چه تا سو د تربيتي پروګرام ميلمستيا کوئ. په غونډي کښي موجوده د ليډران يو ټولي باندی خلقو ته د تربيت باره کښي اشتهارات اولګوی. په لائن کلب ،تجارتی ټولګی ته ، د کلی په کونسل کښي، خبر ورکړئ. د تربيت دا طريقه کار استعمال کړئ، چه کاروباری ليډران هر وخت دغتو ليډرانو و تربيت د اصولو نه پورکړی. يو کار منظم کول به په معاشره نه صرف تاله د عزت مقام درکړی بلکه تا نه به ښۀ ليډر هم جوړکړی. که ستاس په جماعت کښي د يسوع د تابعداری څوک نه وی ، نو ليډرانو ته ،،د کزن،، د خلقو ټولګی کښي تربيت ورکړه. دا يو سوچ اوکه په کومي چه ته هغي څه ته اورسي، کوي ته چه ته نه شی رسيدلي.

د ليډرانو د پاره هغه ړومبئ هغه کومه پوړئ ده چه په کومه هغوی نوی ليډرانو ته تربيت ورکړی؟

يسوع به د ليډرانو د انتخاب نه مخکښي ټول ماښام دعا ګاني غوښتلی. ځکه دعا د دِ د شروع کولو د پاره د ټولو نه ډير ښۀ څيز دي. دعا اوکړئ چه هغه ليډران چه خپل پريښي کار ،دوباره شروع کړيړاو نور خلق کوم چه بي لاري شوی دی هغوی هم په سمه لار شی. څنګه چه تاسو دعا کوئ او ياد ساتئ چه خوداي پاک د خلقو زړونو ته ګوری او د انسان ظاهی شکل وصورت ته ګوری. د با صلاحيت مشرانو اخلاقو او عقيدې ته ګوری. ډير ځاه مونږ په صلاحيت او په اولنی اثر باندي زور راوړو. دعا اوکړئ چه ألله پاک جذباتی او روحانی ليډران پيدا کړی.

هر کله چه مو دعا اوکړه نو مسلسل د تربيت د ليډرانو د پاره چه يسوع کومه تابعداری ښودلي ده هغه يو بل ته بيان کړئ. خپل خاندان او ملګرو سره دعا اوکړئ ، چه ستاسو يو ځاي د ښۀ ليډرانو په جوړولو کښي مدد او کړی . خلقو ته اووايي چه خداي به ستاسو په دِ لاره کښي مدد او کړی. که چري دوی دا غواړی چه مونږ دا زده کړو چه تکړه ليډران به څنګه جوړ شو.مستقل طور باندي د خپل ملګري سوچ په سمه لار کړئ او يو بل سره په ليډر جوړيدو کښي مدد او کړئ کومه چه ډيره غوره خبره ده . که چري ته د مشر جوړيدو د پاره يو ترتيب

جوړ کړي جائزه واخلئ کوم خلق چه دلچسپی لری هغوی به بیدار شی ، په هغه څه کوم باندي چه ته وايي.

بل قدم دا دي چه خداي نه سوال اوکړئ چه تاسو ته هغه لیډران اوښايي کوم چه به هغه د لیډرئ دپاره راوچتئ. د هغوی د انتخاب کوشش په خپله مه کوه . هغوی پریږده چه په خپله مرضي ځان منتخب کړی د دِ دپاره هغه کار کوئ کوم چه د لیډرئ د پاره پکار دي. مونږ د لیډرانو انتخاب نه کوو ، بلکه دا د مذهب یا د الله د طرفه منتخب کیږی. لیډران کوم چه د مخکښي نه مونږ ته خپله وفاداری ښايي ډیر ځله ، کوم کسان چه د باصلاحیت لیډرانو په فهرست مونږ په اخره اخستي دی ، خداي هغه په اول کښي اخستي دی .هغه کسان اوګورئ کوم چه د موجوده صورت حال نه مطمن نه دی . هغه کسانو باندي توجه ورکړی کوم چه په خپله مرضی باندي زده کړه کول غواړی او تابعدارئ کوی.نا امیده کیږئ مه که چرته د یو تنظیم سره د درجي مشران ډیره دلچسپي نه اخلی.

اخر، د چپل یسوع د منصوبي د پوره کولو د پاره ښۀ قدم اوچت کړئ. هیڅ یو څیز هم د یو کار واي په شان یو باصلاحیت او موجوده لیډران نه راغب کولی . خلق غواړی چه د ګټونکی ټیم حصه جوړه شی. هغۀ به خلق ستاسو دمدد دپاره هم دالیږی.زیات تر خداي د خاندان ارکان ، دوستان، او کامیاب تجارتیان خلق لیګی.لیډران پیروکار لری.چه کله تاسو د یسوع تابعداری کوئ ، نو دا به نورو ته صفا منزل ورښايي چه هغوی هم تابعداریکولي شی. هغه څوک چه ستاسو د خلقو د ټولګو نه چپل سفر شروع کوی. نو دا هم تاسو يي.

هغه مختلف سمی کوم کوم دی چه دستي د لیډران په تربیت کښي استعمالیږی؟

که چري تا سره صرف یوه ورځ وی، نو مونږ د پرهایي حوصله ورکوو چه یسوع به ځنګه لیډرانو ته تربیت ورکوو.د یو غټ لیډر اووۀ خوبیان، او د یسوع د سبق اتۀ کردارونه. دا به یو لیډرته د مهارت سامان ورکوی ، او د نورو لیډرانو په تربیت کښي اخلاق او صبر ورکوی. کله چه هغه تاسو ته د واپس کیدو دپاره وايي، نو باقی سبق

اوښايي چه د هغوی د ليډرشپ علم او مقابلي پوره شی او هغوی ته پيروئ دپاره يو ډير ښۀ او زبر دسته منصوبه ورکړئ. دا رساي ډير ښۀ سمي خوری چه کله کوم ځاي کښي خلق مصروفه وی او دتربيت سيشن ته د راتلو د پاره لګ وخت لری.

که چري تاسو هفته وار يا هر دوه هفتو بعد ملاويدي شئ نو بيا مونږ د سيمنار د سبق په سبق اجازت ورکوو. دِدِ مهارت په ذريعه ديو بل مرسته کيږی، او ليډران د لس يا شلو هفتو په اختتام يو مضبوط بنياد حاصله وی. ليډرانو ته حوصلي ورکړئ چه د نوی ليډران د غونډو دوران د خپل ورکونکي سبق په ذريعه تربيت ورکړی. دا رساي ښۀ کار کوی کله چه خلق مصروفه وی خو د پړهايي د پاره هر هفته يو مخصوص وخت اوباسی. ليډر ته اووايي چه د کلاس نه بهر نورو ته دوباره سبق اوښايي چا د بيماری يا غير موافق حالاتو کښي سبق تير شوي وی.

که چري تا سره دري ورځي وی ، نو بيا تاسو ته د لاندينی دستي حکم مطابق تلل پکار دی. د خبرو اترو د پاره ښۀ زيلت وخت ورکړئ او د وقفي وخت دليډرانو سره په غونډو کښي تېر کړئ. د هر سيشن په اختتام، ليډرانو ته اووايي چه لاندينی سوالاتو توجه ورکړی. خداي د دِ سبق په باره کښي څه وايي؟ د ټولګی سره د هغوی ته د جوابونو اجازت ورکړئ. بالغان ښۀ ياده وی کله چه هغوی بحث مباحثه کوی او په يومسله بندي يو بل سره سخته مقابله کوی. تاسو د ټولګی دننه د ضروريباتو باره کښي معلومات اخستي شئ. دا رساي ښۀ کار کوی. په سيميناری يا بائيبل سکول سيټنګ کښي، د باقاعده وزراء په ديهاتی يا کليوالا سيټنګ کوم ځاي چه خلق د زرعي موسم مطابق کار کوی.

ضمیمه ب

دمعائني فهرستونه

د تربیت نه یو میاشت مخکښې

- د دعا والا دټیم فهرست:- د دولسو کسانو یو فهرست جوړ کړئ کوم چه د تربیت د دعا ګانو دپاره راضی شی.تربیت د هفتې نه مخکښې او روسته ډیر ضروری دي .
- د زیر تربیت کسانو فهرست جوړول:- د زیر تربیت کسانو فهرست جوړ کړئ خپل ټیم له کوم چه به تاسو ته ښودل کوی. هغه کسان چې و مخکښې نه د ستې لیډران دی محل کښې شرکت کړي وی.
- شرکت کونکو له دعوت ورکړئ. شرکت کونکو له په ثقا فتی او حساس طریقیسره دعوت ورکړئ.خطونه ورته اولیکئ ،دعوت نامې اولیکې،یا د ټیلیفون کالونه اوکړئ. د ستې لیډرانو د تربیت د سیمنار د پاره د ټولو نه ښهٔ تعداد د شپاړسو نه تر څلیرشت (42-61)پورې لیډران پکار دی.د ډیرو زیر تربیت کسانو په مدد سره ، تاسو تقریباًد پنځوسو 05 پورې لیډرانو ته تربیت ورکولې شئ. د ستې د لیډرانو د تربیت دورانیه هر هفته د دریوو 3 یا زیاتو لیډرانو سره په ښهٔ طریقه سره کیدې شی.
- د ضروریاتو پوره کولو د عمل تصدیق کول:- د لیډرانو د پاره د کورونو ،روټئ ،او تلو راتلو د ضروریاتو پوره کولوړ بندوبست اوکړئ.
- د غونډې د پاره د ځای بندوبست کول:- د غونډې دپاره د کمرې بندو بست اوکړئ کومه کښې چه دوه میزونه ، په

کمري کښي د رڼرا بندوبست ،د شرکت کونکو د پاره په دائره کښي د کرسو انتظام، او ډيري کمري د زده کونکو د ښودني د پاره وی.که پروګرام ډير ښهٔ وی نو بيا د د کرسو په ځاي په فرش باندي د چټائي بندوبست او کړي. دا منصوبه بندی اوکړئ چه په ورځ کښي به دوه ځل وقفه وی چه په هغي کښي کافی، چاي ،او د لګ شان خوراک انتظام وی.

- د تربيت دپاره د موادو جمع کول: - انجيل، سپين د تختي بورډ، يا دکاغذ چارټ، د طالب علمانو کاپی، د ليډرانو کاپی ، رنګدار مرکر، يا رنګدار چاک، (لکه څنګه چه يو طالب علم په سکول کښي استعمالوی)ړ پن يا پنسلونه، چنلون بال، او انعامونه.
- د عبادت د وخت انتظام اوکړئ- د هر حصه اخستونکی د پاره د سندري شيټ يا د موسيقئ د دهن کتاب استعمال کړئ .په ټولګی کښي يو داسي کس اوګوری چه ښوک ګټار غږولي شی اوهغهٔ يا هغي ته اووايه چه د عبادت په وخت کښي ستاسو مد اوکړی.

د تربيت هره حصه کښي

- د مبتدی جانچ پړتال اوکړئ . د تربيت دوران کښی د خپل مبتدی د وخت جانچ پړتال او جائزه واخلئ. د مثبت او نفي فهرست تيار کړې.د راتلونکی وخت د پاره د تربيت د ښهٔ کولو منصوبه اوکړئ.
- د راتلونکی تربيت د پاره د قابل مبتديانو سره رابطي اوساتئ . د دوه يا دري ليډرانو سره رابطه اوساتئ چا چه د تربيت دوران کښي د ليډرشپ د قابليت مظاهره کړې وی او په راتلونکی وخت کښي د ستي د ليډرانو په تربيت مدد او کړی.
- د تربيت شرکاء ته حوصله ورکړئ چه راتلونکی تربيت ته خپل دوستان هم راولی. د تربيت شرکاء ته خوصله ورکړئ چه د خپل وزارت ملګرو سره به راتلونکی وخت ته صرور راځی. هغه ليډرانو ته شاباش ورکړئ چا چه نورو ته تربيت ورکړو او تعداد کښي اضافه اوکړه.

ضميمه سی

د ترجمان نوټس

مصنف د دِ تربيتی موادو په نورو ژبو کښي د ترجمي د کولو اجازت ورکوی ځنګ چه خداي هغهٔ ته توفيق ورکوی. مهربانی او کړئ چه ديسوع د تربيت اطاعت د ترجمي دوران د لاندينو ښودلو شوی هداياتو مطابق اوکړئ.(ايف جي ټی)؛

- د ترجمي د شروع کولو نه مخکښي ،مونږ تاسو ته دنورو دتربيت کولو د پاره څو ځل د ايف جي ټی موادو په ذريعه سره صلاح درکوو. ترجمه کښي صرف مطلب واضح کول دی نه چه لفظ په لفظ ترجمه کول دی.د مثال په توګه ، لکه،،جذبي سره تلل، ترجمه کول دی ،،د جذبي سره اوسيدل،،تاسو د انجيل په اشاعت کښ، محاوري لستعمال کړئ، په ايف جي ټی موادو کښي د لاسونو عمل ښودل ضروری دی.
- ترجمه په عامه ژبه کښي کول پکار دی نه چه ستاسو د خلقو مذهبی ژبه کښي ،،څومره چه ممکنه وی.
- کله چه د اسمانی صحيفو حواله ورکول وی ، نو د انجيل ترجمه استعمال کړئ چه ستاسو په ټولګی زيات نه زيات خلق پري پوهه شی. که صرف يو قسم ترجمه موجود وی ، او په پوهه کيدلو کښ مشکلات وی ،نو په اسمانی صحيفو دوباره تزه کړئ چه د هغوی دپاره واضح شی.
- د يسوع په اتهٔ تصويرونه کښي د هر پو دپاره يو مثبت حد استعمال کړئ،د تربيت ټولګی ته د صحيح حده پوري د تجربي ضرورت وی د تهيک درک نه مخکښي څو ځله. د پادری لفظ ترجمه د خپل ثقافت مطابق اوکړئ چه يو پاک سړي ځان ته مائله کړی.

- که چري لفظ د یسوع باره کښي بیان کړئ پاکوالي یا بزرگی زمونږ په ژبه کښي د ،،راهب،،یا د اولیاء په شان دي. دا ضروری نه ده چه مونږ د پاک وي یا بزرگ وي ،لفظ استعمال کړو.مونږ پاک یا بزرگ په دِ موادو کښي استعماله وو ځکه چه راهب د یسوع په خصوصیات پوره نه ختلي.
- کله کله نوکر یا خادم په یو ښهٔ طرز سره گران وی. خو دا ضروری ده چه ته به یي کوې. ډیر په احتیاط سره یو اصطلاح منتخب کړه چه دهغهٔ سړی دپاره استعمالیږی، کوم چه ډیر سخت کار کوی ،یو عاجزه زړهٔ لری او د خلقو خدمت په خوشحالئ سره کوی.د ډیرو ثقافتونو دا نظریه ده چه د خادم سره کول پکار دی.
- مونږ د جنوب مشرقی ایشیاء دپاره د جارج پیټرن ،،د سیمنار،،د تربیت ورکولو او دتعداد سوا کولو طریقه احتیار کړي ده . هغه ځیزونه او منصوبي کومي چه ستاسو د ټولگی د خلقو سره مطابقت لری هغه د خپل ثقافت نه بغیر څه د سوچه شاملي کړئ.
- مونږ به ډیر خوشحاله شو چه تاسو د کار باره واورو،او چه په کومه طریقه مونږ تاسو سره مدد کولي شو کوو به.
- مونږ سره رابطه اوکړئ په lanfam@FollowJesusTraining.com راځئ چه یو ځاي کار اوکړو او د یسوع د تابعدارئ د پاره نور خلق اولټوو .

ضمیمه ډی

نوري ذریعي

تاسو نورو ذریعو ته نیغ په نیغه رسیدي شئ. او د یسوع د تابعدارئ د پاره په تربیت کښي مدد اخستي شئ. FollowJesusTraining.com

دا ذرائع شامل دی _

1. د ستاویزات او د لیکونکی د تربیت بصیرت .
2. د ستي د مشرانو د تربیت د لاس د اشارو ټول ویډیوز.
3. د ستي د مشرانو د تربیت ترجمي: ترجمي په معیار کښي بدلی وی نو هر کله چه ته دا استعمالوې نو د مخکښي نه یي د علاقاي او قومی عقیدت مندو ته وړاندې کړئ چه جائزه یي واخلی.

مونږ سره په رابطه اوکړئ د نورو موجوده منصوبو یا تجویز او د تربیت کارونو باره کښي lanfam@FollowJesusTraining.com.

www.ingramcontent.com/pod-product-compliance
Lightning Source LLC
Chambersburg PA
CBHW071500040426
42444CB00008B/1428
9781938920721